KB218282

나는
쪽발 팔아
포르쉐 탄다

 나는

장사의 터널에서  빛을 좇다

쪽발 ─선의─ 팔아
─지음─

또르쉐 탄다

장사 고수의 노하우, 무조건 1등 가게를 벤치마킹하라!
족발 팔아 연 매출 55억 원을 달성한 장사 노하우는!?

★ ★ ★   ★ ★ ★   ★ ★ ★
장사의 핵심을   실패를 통해 배운   대박 가게와
디테일하게 짚어주는   성공 노하우   쪽박 가게의
자영업자 필독서!   그 한 끗 차이를 알다!

바른북스

장사와 관련한 책을 쓰기 전에 많은 고민이 있었다. 시중에 나와 있는 장사나 창업을 주제로 한 책을 보면, '이 책 하나면 누구나 단기간에 성공한다', '나는 장사로 성공했으니, 그 노하우를 전해주겠다'라는 식의 성공 스토리를 담은 게 대부분인데, 나는 적어도 그런 책을 쓰기는 싫었다. 외식업이 원체 진입장벽이 낮고, 누구나 접근할 수 있는 사업 분야이기에 실제로 성공해 본 적 없는 사람들이 단기간에 실적 아닌 실적을 부풀려서 그걸 마냥 실력인 것처럼 꾸며 책을 내고 있기에 나도 독자들에게 그렇게 보일까 봐 걱정스러운 마음이었다.

그래서 나는 소위 성공과 대박만 내세우는 다른 책들과는 조금은 결이 다른 내용을 담는 데 집중했다. 나는 지금 운영하는 족발 가게가 안정화되기까지 수많은 부침이 있었고, 본격적으로 장사에 뛰어들기 전에는 극단적인 실패도 경험했다. 그 경험 속에서 체득한 노하우와 장사와 관련한 여러 에피소드를 담담하게 풀어내 초보 사장님들에게 정말로 도움이 되는 팁을 전해주고 싶었다. 또 자영업자들의 어려움과 처지를 누구보다 잘 알기에 디테일하게 짚어주는 나의 경험과 전략이 실제 장사에 적용할 수 있길 바라는 마음으로 내용을 구성했다.

외식업의 범위는 매우 넓고 각자가 처한 환경은 다 다르지만, 장사의 핵심은 크게 다르지 않다고 생각한다. 철저한 준비, 자영업자로서의 마음가짐, 그리고 내가 이 책에서 그토록 강조하는 벤치마킹 등 기본기를 다지고, 또 기본을 지키면서 장사를 하면 이미 절반의 성공은 달성한 셈이다. 물론 지난한 창업 준비 과정, 진상 고객으로 인한 현타, 뜻대로 되지 않는 직원 관리 등등 실제 장사를 하다 보면 기본을 지켜도 초심을 흔들리게 하는 요소는 무궁무진하다.

　그래도 어쩔 수 없다. 장사를 하며 겪는 어려움은 나만 겪는 게 아니다. 장사 하는 사람이라면 누구나 겪을 수밖에 없는 숙명과도 같다. 그렇기에 창업을 준비하는 예비 사장님들은 그 난관을 내가 견딜 수 있는지, 흔들리지 않고 묵묵히 나아갈 수 있는지 가늠하고 장사를 시작해야 한다. 장사는 총과 칼만 사용하지 않을 뿐이지, 전쟁터에 나서는 것이나 마찬가지다. 이 무시무시한 무한경쟁의 장(場)에 살아남는 10% 남짓한 사장님이 되기 위해서는 우선 나를 다스리는 훈련이 필수적이다.

　그런 면에서 장사는 골프라는 운동과 비슷한 것 같다. 골프는 누군가와 스코어 경쟁을 하고, 단 하나의 홀을 향해 계속해서 앞으로 나아가야 한다. 장사도 그렇다. 내 가게가 있는 지역에 수많은 동종/유사 업종의 경쟁자가 있고, 그들의 시장 점유율을 내가 가져와야 하며, 목표한 매출액을 달성하기 위해 쉼 없이 연구하고 일해야 한다.

　골프를 칠 때 우리나라 남성 기준 드라이버 평균 비거리가 210m 정도가 된다고 한다. 그런데 막상 필드에 나가면 210m를 못 치는 사람이 부지기수다. 왜 그럴까? 아무리 훈련해도 경쟁 게임이다 보니 심리적인 불안정이 올 수도 있고, 그날그날 컨디션이 좋지 않을 수도 있다. 즉 자신의 실력이 온전히 발휘되지 않은 그런 상황적 요소들이 너무나 많다는 의미다.

골프를 치는 사람들은 실전 경기에서 흔들리지 않기 위해 실력이 어느 정도 올라와도 처음에 배웠던 '똑딱이'라는 기본기 훈련을 거듭하게 된다. 똑딱이는 스윙으로 가는 과정 중 가장 중요한 동작으로, 몸 전체를 고정한 상태에서 팔만 왔다 갔다 하면서 공만 맞추는 스윙 동작을 말한다. 이 훈련의 모습이 마치 시계추를 연상한다고 해서 똑딱이라고 부른다. 똑딱이가 보기에는 쉬워 보이지만, 골프 입문자들이 가장 힘들어하고 지루해하는 스윙 동작이다. 그래서 똑딱이를 배우다가 골프를 그만두는 사람들도 많다고 한다.

이렇게 기본 중 기본이라고 하는 똑딱이를 실력이 있는 사람들도 훈련하는 이유는 무엇 때문일까? 바로 '기본'이기 때문이다. 기본기가 제대로 잡히지 않으면 나의 기량만큼 실력이 올라올 수 없고, 실전에서는 더 흔들리기 마련이다. 또 기본이 갖춰졌다고 생각되더라도, 언제든 흔들릴 수 있는 게 기본기이기 때문에 평상시 훈련을 할 때 실력 있는 사람일수록 기본 훈련에 더욱 매진하게 된다.

장사도 이와 크게 다르지 않다. 철저한 준비와 단단한 마음으로 장사를 잘하고 있다고 생각될 때도, 어느 순간 내 마음대로 안 될 때가 찾아오기 마련이다. 그런 시기가 오면 다시 기본을 점검해 봐야 한다. 장사의 여러 기본 중 내가 생각하는 가장 근본적인 것은 바로 나의 고유한 레시피다. 정신 없이 바쁘면 급해지기 마련이고, 그럴수록 레시피가 흔들릴 가능성이 커진다. 또 처음에 장사가 뜻대로 되지 않는다고 해서 레시피를 계속 바꾸다 보면 원 레시피에 대한 감각을 잃어 기본 자체가 무너질 수도 있다.

내가 왜 장사를 시작했고 어떤 마음으로 출발했는지 그 초심을 잃으면 안 된다. 그 초심을 돌아보기 위해서 꾸준히 나의 레시피가 제대로 지켜지고 있는지 점검하며 하루하루 스스로를 다스리는 훈련을 해나가야 한다. 그래야 어느 정도 장사가 궤도에 올랐을 때 어떤 흔들리는 요소가 발생해도 그 궤도에서 이탈하지 않는다.

골프가 칠 때마다 스코어가 남듯이 장사도 하루하루의 매출이라는 기록이 남는다. 숫자는 거짓말을 하지 않는다. 그 숫자는 오늘 하루 나의 전부와도 같다. 시작 단계에서부터 나의 기록을 보며 웃을 수 있는 사람은 몇 명 되지 않을 것이다. 꾸준한 훈련을 통해 골프의 타수를 줄여가듯 장사도 끊임없는 나를 향한 채찍질이 동반되어야 한다.

나는 창업 컨설팅을 하며 수많은 사람들의 사연을 들었고, 실제 장사를 하면서 자영업자들에게 닥칠 수 있는 여러 장벽을 마주했고, 그 장벽을 걷어내며 달려왔다. 이 책은 초보 사장님이 직면하는, 혹은 직면할 수 있는 나의 이야기와 주변 사람들의 이야기가 담겼다. 그 이야기 속에서 무언가 하나라도 건질 수 있다면 이 책이 여러분들에게 쓸모가 있었음을 증명하는 것일 테다. 많은 사장님들에게 이 책이 조금이라도 쓸모 있길 간절히 바란다.

Contents

대박과 쪽박은 한 끗 차이

디테일로 승부하라

글을 마치며

1장

장사의 핵심은
이것이다!

창업의 시작,
나 또한 수많은 역경이 있었다

장사를 시작해서 단번에 성공하면 더할 나위 없겠지만, 인생사제 뜻대로 모든 게 이루어질 수는 없는 것 같다. 나도 처음 창업했을 때는 남부럽지 않게 돈도 벌었고, 이렇게만 계속 가면 떵떵거리면서 살 수 있을 거로 생각했다. 하지만, 역시나 장사는 쉽지않았다. 몇 번의 극단적인 실패가 있었고, 그 실패를 통해 많은걸 깨닫고, 흔히들 말하는 산전수전 다 겪고서야 지금 이렇게 책도 내고 여러 매장을 관리하며 내 삶을 즐기고 있다.

나는 2006년에 처음으로 창업의 길로 들어섰다. 나의 첫 창업은 PC방 운영이었다. 가맹점으로 시작했는데, 당시는 PC방이 성행하고 있을 때라 PC 대수가 많고 목만 좋으면 특별한 노하우가 없어도 먹고 살 만할 정도로 돈을 벌 수 있었다. 우리 매장은 특히 장사가 잘돼서 언젠가 본사에서 가맹점을 내고 싶은 사람들이 찾아와 이것저것 궁금한 것을 묻곤 했다. 그때 생각한 게 내가 본사가 되어서 가맹사업을 하면 어떨까 하는 것이었다.

그래서 본격적으로 PC방 가맹사업을 시작했고, 출발은 너무나 순조로웠다. 많은 예비 사장님이 가맹 문의를 해왔고 수많은 사람에게 컨설팅도 해줬다. 그런데 그때는 내가 어릴 때라 가맹사업을 너무 쉽게 생각한 면이 있었다. 책에서는 다 밝힐 수는 없지만, 우리 가맹 본부의 방향과 전혀 결이 다른 쪽으로 가게를 운영하는 사람이 있었고 그 사람과 다툼을 이어가다 보니, 가맹사업 전체가 흔들리는 위기가 오고 만 것이었다. 나의 첫 번째 가맹사업은 그렇게 한 사람을 잘못 들여 통제하지 못해 끝나버렸다.

첫 사업이 망하고 이래저래 무얼 할까 하며 시간을 보내고 있는데, 배운 게 도둑질이라고 또다시 가맹사업에 뛰어들게 된다. 이번에는 당구장 프랜차이즈였다. PC방 프랜차이즈 사업을 하고 있을 때 한 지인을 만나 사업 이야기를 했는데, 자신의 선배가 당구장을 운영하면서 안정적으로 많은 돈을 벌고 있다는 이야기를 듣게 된다. 그때는 PC방 사업을 하고 있을 때라 대수롭지 않게 여겼는데 첫 사업이 망하고 다른 사업 아이템을 고민하고 있을 때 떠오른 것이 있었다. 바로 당구장 프랜차이즈 사업이었다.

당시 당구장 프랜차이즈는 한국에서 두 번째로 시도하는 것이었다. 물론 첫 번째로 시작한 업체가 있었지만, 그 업체는 공식적인 가맹본부가 아니었기에 실질적으로는 우리가 유일한 당구장 프랜차이즈 업체였다.

2009년에 본격적으로 사업을 시작해 1년 만에 서울 전역에 25개의 매장을 냈다. 당구장을 가맹점으로 25개를 낸다는 것은 정말 어려운 일이었다. 업종 특성상 당구장은 핫플레이스나 로데오 거리 같은 곳에 들어서야 하는데, 25개 매장이면 서울 경기권 좋은 자리에는 다 들어갔다고 봐도 무방하다.

그런데 당구장 프랜차이즈 사업은 이게 패착이었다. 처음 시작했을 때는 적어도 수십 개에서 수백 개는 가맹점을 낼 수 있겠지 하는 생각이었는데, 들어갈 자리가 한정되다 보니 더 이상 가맹점을 낼 수 있는 자리가 없었고, 또 가맹본부가 이익을 보는 유통마진도 기대할 수 없었다. 당구장 운영에는 인건비와 임대료가 지출의 전부이기 때문에 가맹본부에서 개별 가맹점에 특별히 제공할 것이 없어 유통으로 남는 게 거의 없었다. 그리고 개설할 때 설치비 등의 명목으로 본부에서 수익을 낼 수 있었지만, 그것도 가맹점이 더 이상 늘어나지 않는 시점에서는 벌어들일 수 없는 돈이었다.

가맹사업의 특성상 각 가맹점은 가맹본부에 지속적인 지원을 요구하게 되는데, 더 이상 가맹점을 늘릴 수 없는 상황이 되자 본부는 벌어들이는 돈이 없어 가맹점 관리에 신경 쓸 여력조차 없어졌다. 이런 악순환이 계속되자, 더 이상 가맹사업을 이어갈 수 없어 당구장 프랜차이즈 사업도 1년 반 만에 접게 된다.

연속해서 가맹사업에 실패했지만, 그래도 당시에는 정말로 열심히 뛰어다녔었다. 그때까지 70~80명 예비 사장님의 창업을 도와드렸는데, 말이 70, 80명이지 창업 컨설팅은 실제로 7,000명 가까이 했다고 보면 된다. 그러다가 우연히 한 대형마트에서 나이키 매장을 운영할 기회가 생겼다. 마트 내에서 매장 위치도 좋았고 나이키라는 브랜드 파워도 있어서 매출은 원활하게 돌아가는 편이었다.

그렇게 안정감 있게 매장을 잘 운영하는가 싶었는데, 대형마트의 갑질이 너무나 심했다. 터무니없이 수수료를 올리는가 하면 우리 매장이 수용할 수 없는 조건을 계속해서 내세웠다. 처음에는 얘기만 잘 되면 타협점이 있겠지 하는 마음이었지만, 우리 매장도 어쩔 수 없는 을의 위치에 있었다. 그래서 '너희들 다 해 먹어라' 하는 심정으로 4년 만에 매장을 넘기고 떠나게 된다.

2012년부터 대략 3년간은 이래저래 여러 사업을 하면서 돈을 많이 벌었다. 사람의 마음이 참 간사한 게 사업에 실패했거나 어려울 때는 주눅 들거나 더욱 겸손한 마음으로 살아야겠다는 마음이 드는데, 주머니에 돈이 생기니까 건방지게도 더 쉽게 더 많은 돈을 벌고자 하는 탐욕이 스멀스멀 올라왔다. 주식으로 한탕 시원하게 벌어보자는 마음이 생긴 것이다. 물론 주식투자가 결코 나쁜 것은 아니다. 우량주에 투자하거나 장기적인 관점으로 안정적으로 투자하면 경제 상황만 받쳐준다면 꽤 짭짤한 수익을 낼 수도 있다.

하지만 나는 개미들이 가장 많이 당하는 종목, 즉 작전주에 손을 대버려 나락의 길로 빠지게 된다. 내가 사들인 종목이 하루에도 상한가와 하한가를 한 번에 왔다 갔다 하며 30분 만에 7천만 원 이상 손해를 봤고, 나는 손해를 만회하기 위해 물타기 하면서 총 4억 4천만 원을 투자하게 된다. 언젠가는 오르겠지 하는 심정으로 버틸 만큼 버텼다. 6개월이 되는 시점에 더 이상 버티는 것이 무의미하다는 생각이 들어 3억 원 넘는 돈을 손절하고 빠져나왔다.

참 인생이 거짓말 같았다. 내가 돈을 빼고 일주일이 지난 시점에 그 종목이 상한가를 3번을 치면서, 돈을 빼지만 않았다면 손해 본 금액을 만회하고도 2억 원을 더 벌 수 있는 상황이었다. 나름 수완이 좋다고 생각하면서 살았는데, 그 일주일을 버티지 못하고 손절매한 것이 너무나 바보 같았고 속이 쓰려서 태어나서 처음으로 살기 싫다는 생각까지 했었다. 그때 느낀 게 자만은 화를 부르고, 피땀 흘려 번 돈이 정말 귀하고 가치가 있다는 생각이었다.

어쨌든 살아야 했다. 가족이 있고 벌여놓은 일들이 많았기에 책임감을 가져야 했다. 주식투자를 할 때 건설업도 하고 있었는데 다행히 여기에서 수익을 낼 수 있어서 그나마 주식투자로 잃었던 돈을 다시 벌 수 있었다.

여기까지 했으면 이제 실패의 역사가 끝일만도 했지만, 본격적인 장사를 시작하기 전 나는 또 한 번의 실패를 경험하게 된다. 의류 사업에 손을 댄 것이다. 건설업으로 돈을 좀 벌었던 나는 다시 살만해지니까 다른 사업거리를 찾다 미국에서 청바지 사업을 하는 사람을 만나게 되었고, 그 사람을 통해 국내로 청바지를 들여오게 된다. 그 청바지가 미국에서는 나름 프리미엄 브랜드였기에 수입해서 팔면 돈벌이가 될 줄 알았다.

그럴듯하게 시작하는 게 좋을 것 같아 롯데백화점에 매장을 내고 잠실에는 팝업 스토어도 내는 등 초기 투자를 많이 했다. 9억 원 정도 투자를 한 것 같다. 어떻게 되었겠는가? 300개 정도 팔았던 것 같다. 완전한 실패였다. 어쩔 수 없이 서울에 있는 매장을 다 철수하고 마지막 방법으로 지인을 통해 곤지암 아웃렛에 판매경로를 개척해 넘기게 되었는데, 마침 코로나 사태가 터져서 청바지를 인수한 업체가 도산하는 바람에 모든 일이 물거품이 되어버렸다. 업체 사장도 청바지도 소리소문 없이 사라져 버린 것이다.

결국 투자한 원금이나 청바지도 회수하지 못하고 그냥 다 손해를 보고 말았다. 그렇게 나는 1년 반 만에 주식투자와 청바지 수입 사업으로 15억 원의 돈을 잃었다.

간략하게나마 내 실패의 역사를 소개해 봤다. 여러 사업을 하면서 때로는 세상을 다 가진 기분도 들었고, 때로는 세상을 등지고 싶은 마음도 있었다. 하지만 많은 사업을 하면서 끝까지 가지고 있었던 마음은, '실패는 누구나 할 수 있는 거고, 다시 시작하면 된다'라는 자세였다.

솔직히 어떤 일이든 안정적으로 운영하지는 못했던 것 같다. 매출이 적든 많든 꾸준히 안정적으로 이어갈 수 있는 여건이 가장 중요한데, 의도치 않게 너무나 기복이 심했기에 실패를 맛볼 수밖에 없었다.

실패를 통해서 배운 것이 많았다. 만약 내가 실패의 늪에서 빠져나오지 못해 허우적거리고 있었다면 지금처럼 장사를 통해 안정적인 삶을 일구지 못했을 것이다. 세상일은 어떻게 될지 모르는 새옹지마라고 하지 않던가? 그리고 운칠기삼! 사람에게는 운이 따르기 마련이고, 운과 재주(노력)가 결합하면 언젠가는 성공이 따르기 마련이다. 어찌 보면 운이라는 것도 내가 어떤 전략을 펼치면서 어떻게 장사를 하느냐에 따라 운이 따를지 아닐지 결정되는 듯하다.

식상한 말이지만 실패했다고 해서 끝이 아니다. 주저하고 쓰러져 있다면 실패는 실패로 끝맺게 되지만, 훌훌 털고 일어선다면 새로운 기회가 펼쳐질 수도 있다. 두려워하지 말자. 반드시 성공한다는 보장은 없어도 성공할 수 있는 길은 있다.

간단한 이치를 깨닫기만 하면 된다. 나도 수많은 어려움을 겪어봤기에 할 수 있는 말이다. 아무쪼록 창업을 앞둔 예비 사장님들의 앞길에 나의 경험이 조금이라도 도움이 되길 바란다.

족발 가맹 사업,
장사의 길을 알다

사람 일이란 게 언제 어떻게 될지 모른다는 걸 또 한 번 깨닫게 되는 계기가 생겼다.

청바지 수입 사업을 하면서 뜻대로 되지 않을 때였다. 소위 땡처리를 해서라도 청바지를 팔아야 했었는데, 이리저리 사람을 만나러 다니다가 우연히 친구의 지인을 만나게 된다. 그런데 그 친구가 '귀한족발'이라는 가맹사업을 하고 있었는데, 만났을 때는 2호점까지 낸 상황이었다. 내 이력을 듣자 그 친구는 나에게 본사에 와서 족발 가맹사업을 도와줄 수 있느냐는 제안을 해왔다. 나도 당장 돈벌이를 해야 했고, 가맹사업이라면 이전에도 여러 차례 해봤기에 흔쾌히 승낙하고 족발 가맹사업에 뛰어들게 된다. 이게 지금 내가 운영하는 '귀한족발'과의 첫 만남이었다.

처음에는 쉽게 생각했다. 나름 달변가이기도 했고 예전에 가맹사업을 했을 때 70~80명을 유치해 봤으니, 이 바닥에서는 꽤 타율도 높은 편이었다. 창업 박람회 같은 곳도 꾸준히 나가서 상담도 하고, 본사에 가맹 문의를 하면 미팅을 하면서 가맹점 유치에 박차를 가했다.

그런데 이상하게도 될 듯 말 듯하면서도 정작 계약을 끌어내지 못하는 것이었다. 정말 큰 고민이었다. 나처럼 말 잘하고 설명 잘하는 인간이 왜 가맹점 유치 계약을 못하는 것일까 하는 자괴감에 빠졌다. 여러 고민을 하던 와중에 아버지가 내가 족발 가맹본부에서 일하니까, 그래도 자기 가게 하나를 가지고 있는 게 좋지 않겠냐며 족발 가게를 열어보라고 하셨다. 그래서 아버지 건물에 귀한족발 2호점(그 전에 있었던 2호점은 폐업했다)을 내고 본격적으로 장사를 시작하게 된다.

가맹점을 시작하고 나니 그제야 내가 가맹점 유치를 못했던 이유를 알게 되었다. 컨설팅을 해주는 사람이 직접 가게를 운영해보지도 않았는데, 컨설팅한답시고 예비 사장님에게 설명한다는 게 처음부터 어불성설이었고, 그 예비 사장님들의 심금을 전혀 울리지 못했던 것이다. 내가 직접 가맹점을 내고 사장의 입장에서 하나둘 일을 진행하다 보니 내 컨설팅에 무엇이 부족했고 어떤 점을 보완해야 할지에 대한 답이 나왔다. 즉 예전에는 직접 경험해보지 않았으니, 예비 사장님들의 처지를 100% 이해하지 못했던 것이다.

직접 가맹점을 운영했을 때 처음부터 상당히 매출도 잘 나왔고, 나름의 성과도 있었다. 오픈 석 달째 되는 시점에 월 매출 8천만 원을 기록했다. 당시 귀한족발의 인지도를 감안하면 굉장히 높은 매출이었다. 물론 가게를 열었다고 해서 무조건 매출이 높아졌던 건 아니었다. 그간의 경험을 살려 여러 시도도 해봤고, 나름의 전략을 세워서 운영했었다.

내 매장이 어느 정도 자리가 잡히니 다시 컨설팅을 하면 더 잘할 수 있겠다고 생각했다. 그래서 동생에게 매장을 넘기고 나는 다시 본사로 들어가 가맹사업을 맡게 된다. 이전보다는 훨씬 타율이 높아졌다. 달라진 건 내가 가게를 직접 운영해 봤느냐 안 해 봤느냐의 차이뿐이었는데, 창업자의 입장에서 더 설명할 거리가 많아졌고 실질적으로 도움이 될 만한 이야기를 할 수 있었기에 계약률도 자연스럽게 높아지게 된 것이다.

1년 정도 본사에서 가맹사업을 맡다가 가맹점으로 돌아올 이슈가 생겨서 지금까지 가맹점 운영을 하고 있다. 뒤에서 자세히 다룰 것이지만, 그간 컨설팅을 해온 경험과 직접 가맹점을 운영하면서 쌓은 노하우로 매출도 정점을 찍었고, 첫 가게 오픈한 지 얼마 안 돼 가게를 하나 더 열었고 지금은 얼마 전 세 번째 가게를 오픈했다. 가게 몇 개 오픈했다고 장사를 다 아는 것은 아니지만, 어떻게 하면 장사를 잘할 수 있는지 그 길을 이제는 알았다. 장사의 길을 알았으니, 나의 세 번째 가게도 언젠가는 매출로 증명이 될 것이다.

성공하는 사람은 실패했을 때, 다시는 똑같은 실수를 거듭하지 않는다. 나도 쉽게 걸어온 길은 아니었기에, 장사를 하면서 수많은 장벽을 마주쳤고 그 장벽을 뚫어내거나 뛰어넘으면서 한 걸음

씩 전진했다. 그 전진의 과정에서 배운 장사의 노하우를 본격적
으로 이야기해 보겠다.

나의 기준은
항상 1등이다

나는 내가 장사를 하면서 항상 그래왔듯이, "장사가 잘되고 싶으면 주변에서 제일 잘하는 가게 반타작만 해도 반 이상은 성공한다"라고 창업 컨설팅을 할 때 가장 강조해서 말한다. 다시 말해 벤치마킹을 열심히 하라는 의미다. 벤치마킹은 사전적으로 경쟁업체의 경영 방식을 면밀하게 분석해 경쟁업체를 따라잡는 전략을 일컫는데, 여기에서의 경쟁업체는 그냥 동종 업을 하는 가게가 아니라, 동종 가게 중에서도 매출 1등 하는 업체를 기준점으로 삼으라는 것이다.

특히 관악구에 2호점을 낼 때 벤치마킹에 더욱 열을 올렸다. 서울 관악구와 강서구는 우리나라에서 유별나게 배달이 많은 곳으로 유명해 배달의 성지라고 불리고 있다. 고만고만한 가게를 오픈해서는 절대 승부를 볼 수 없는 지역인 셈이다. 배달 건수가 많으니 그만큼 많은 가게가 우후죽순 들어서고, 또 그만큼 경쟁이 치열할 수밖에 없다. 그래서 나는 2호점을 준비하면서 그 지역에서 동종 업계 중 1등 하는 가게들을 벤치마킹하기 시작했다.

벤치마킹할 때 가장 주안점을 두는 곳은 동종 업계지만, 주메뉴가 유사한 1등 가게들의 전략도 참고했다. 배달이 주력인 지역이다 보니, 일단 벤치마킹의 대상으로 삼은 가게의 다양한 음식을 시켜서 먹어봤다. 나는 딸이 있어서 배달 음식을 자주 시켜 먹으면서 평가하게 되는데, 주문한 음식에 생각지도 못한 좋은 아이디어가 있거나 다른 가게와 차별화된 점이 있으면 나의 가게에도 바로 적용했다.

누군가는 다른 가게에서 어렵게 생각해 낸 아이디어를 그냥 가져다 써도 되느냐 하면서 비난할 수도 있겠지만, 그런 참신한 생각들에 재산권이 있는 것도 아니고 장사는 현실이기에 공자 왈

맹자 왈 하면서 도리를 따질 계제는 아니다. 장사는 나의 밥벌이고 생존의 문제이니, 어쨌든 무조건 매출을 높일 수 있는 방법을 찾고 봐야 한다. 그래서 현실 감각이 없는 사람들은 창업해서는 안 된다고 말하는 것이다. 무한 경쟁의 장(場)에서 상생 경영은 공염불과도 같은 것이다.

그렇게 1등 업체를 벤치마킹하면서 2호점을 2021년 11월 24일에 오픈했다. 오픈이 코로나 시기와 맞물려 일단 배달이 원활할 수 있는 환경은 조성된 셈이었다. 거짓말 같이 매출이 상승하기 시작했다. 그때까지 1호점에서는 한 번도 월매출 1억 원을 찍어본 적이 없었는데, 2022년 1월에 1억 원을 돌파했다.

그런데 신규 오픈한 2호점은 1호점보다 매출이 더 가파르게 상승하는 것이었다. 2022년 3월 두 가게를 합쳐 2억 5천만 원을 팔았고, 4월에는 2억 7천만 원, 5월에는 2억 8천만 원, … 10월에는 4억 2천만 원을 파는 등 기하급수적으로 매출이 늘어났다. 2022년도 연 매출은 두 가게를 합쳐 36억 원을 기록했다. 2023년도는 전년도보다 더 늘어 40억 원가량 매출을 냈으며, 지금도 두 가게는 순항 중이다. 2024년 초에는 3호점도 오픈해서 3월까지 16억 원을 팔았으니, 세 가게를 합쳐 총 60억 원의 매출을 예상하고 있다. 내가 세 가게를 운영하면서 느꼈던 점은 처음 한두 번은 우연일 수도 있지만, 그 우연이라고 생각했던 게 세 번째까지 이어지면 그건 실력이고 필연이라는 것이다. 즉 내가 펼쳤던 1등 전략이 우연은 아니라는 말이다. 그래서 지금은 2호점을 확장 이전해서 더 적극적으로 나의 전략을 펼쳐나가야겠다고 생각하고 있다.

　독자들이 보기엔 내가 매출의 가파른 상승세를 보인 데에 특별한 능력이나 차별화가 있었는가? 그렇지 않다. 전혀 특별한 것이 없다. 다만 내가 처음부터 끝까지 밀고 나갔던 것은 장사하는 데 있어 대부분의 요소를 1등을 기준점으로 삼았다는 점이다. 1등이 어떻게 장사를 하고 있는지, 메뉴의 독특한 점은 없는지, 배달 음식에 좋은 아이디어가 무엇인지 등 1등 하는 업체들을 면밀하게 분석해서 나의 것으로 만드는 전략을 세웠을 뿐이다.
　물론 모든 걸 1등이 하는 대로 다 따라 할 수는 없다. 나의 레시피만의 장점이 있을 것이고, 우리 매장이 내세우는 특징들도 있을 것이다. 하지만, 사장님들이 일상적으로 하는 장사의 스킬이나 운영 방식에 나만의 방식을 적용하면서 시행착오를 겪으며 발전하는 것은 시간 낭비일 수 있으니 벤치마킹으로 보완하는 것이 더 현명한 전략이다.

이렇게 1등을 따라잡는 전략으로 내가 1등을 하고 보니 많은 것이 달라졌다. 생각해 보면 연 40억 매출에 10%만 내 주머니에 꽂혀도 나는 일반 직장인보다 훨씬 많은 돈을 버는 것이다. 그리고 매출의 큰 기복 없이 매장이 안정적으로 운영되면, 사장인 내가 가게에서 아등바등 움직일 필요도 없어진다. 시스템으로 가게가 돌아가니 내가 들어갈 공간이 사라지고, 그만큼 나에게는 시간적 여유가 늘어나게 된다.

시간은 돈으로도 살 수 없는 크나큰 자산이다. 매일 가게를 둘러보며 직원을 격려하고 매출 매입 체크와 시스템 점검 등만 하면 내가 가게에서 할 일은 끝이 난다. 내게 주어진 소중한 시간에는 건강을 위해 운동도 하고, 여가생활도 즐기고, 또 사업 확장을 위해 여러 구상도 병행할 수 있다.

우스갯소리지만 나는 출판사에 이 책의 제목을 '나는 족발 팔아 포르쉐 탄다'로 하고 싶다고 강력히 주장했다. 자칫 건방져 보일 수 있어서 고민되기도 했지만, 현재의 나를 가장 잘 표현한 문장이었고, 독자들에게 어떤 메시지를 던지고 싶었다. 평범한 나도 했는데, 여러분들이 못하겠는가? 정답은 의외로 쉬운 길일 수도 있다. 어려운 수학 문제도 쉽게 생각하면 해결 방법이 나오는 경우가 있듯이 장사의 길도 복잡하게, 어렵게 생각할 필요가 없다.

1등을 하는 데에는 다 이유가 있는 법이니, '나는 1등을 기준으로 삼고 따라잡는다!'라고 마음먹으면 지금 내가 무엇을 해야 할지 하는 길이 보일 것이다.

초보 창업자는
왜 벤치마킹을 해야 하나?

그렇다면 초보 창업자는 왜 벤치마킹을 해야 할까? 앞서 나의 사례에서도 확인했듯이 초보 창업자에게는 '1등 따라가기' 전략이 가장 쉽고 효율적이기 때문이다. 창업 컨설팅을 하다 보면 막연하게 '나는 얼마 이상 벌 수 있을 것이다' 하는 예비 사장님들이 의외로 많다. 내가 입점하는 곳의 예측 가능한 매출 구간에서 이익률이 어떻게 형성되고 마진율이 얼마이며, 그럴 경우 어떻게 효율적으로 자원을 분배할지에 대한 구체적인 그림을 그리지 못하는 것이다. 그저 내 가게 인근에 아파트 단지가 있고, 오피스 상권이니까 장사가 웬만큼 잘될 것이라는 막연함으로 가게를 오픈한다.

　이런 생각으로 창업하면 절대 성공할 수 없다. 요행으로 오픈 초기에는 장사가 잘 될 수도 있지만, '첫 끗발이 개끗발'이라는 말이 있듯이 막연함으로 시작한 장사는 절대 끝까지 이어갈 수 없다. 초보 창업자들은 '장사는 숫자'라는 점을 반드시 기억해야 한다. 즉 모든 것을 숫자로 계산할 수 있어야 한다는 것이다.

　숫자를 도출하기 위해서는 일단은 목표치가 설정되어야 한다. 아무것도 없는 상황에서 목표치를 설정하는 것이 막막할 수도 있겠지만, 알고 보면 그리 어려운 일도 아니다. 우리에게는 '배달의민족'이라는 참으로 친절한 앱이 있다. 배달의민족을 잘만 활용하면 예비 사장님들이 어떻게 장사를 해야 할지에 대한 노하우부터 얼마만큼의 목표치를 둬야 할지 기준점을 설정할 수 있다.

　내가 운영하는 족발집을 예로 들어 보자.

　배민1을 보면 '최근 주문수'가 나와 있는데, 내 가게가 1만 4천 콜을 기록했던 때를 기준으로 설명하겠다. 이 수치는 6개월 누적 수치인데, 1만 4천의 의미는 배민1 플랫폼에서 1억 4천만 원의 매출이 나온다는 말이다. 다음으로 일반 배민에도 최근 주문 수가 공개되는데, 여기에서는 4천 콜이 기록되어 있다. 즉 4천만 원 정도의 매출이 일반 배민에서 나온다는 말이다. 둘을 합쳐서 분석해 보면, '이 가게는 기본적으로 1억 8천만 원의 매출은 나오고 있구나' 하는 것을 파악할 수 있다.

그럼 이제는 지역에서 1등 하는 업체를 탐색할 차례다. 그들이 얼마만큼의 매출을 일으키고 있는지 알아야 정확한 목표치가 생기고, 벤치마킹을 통해 그들이 가진 영역의 일부분을 나의 것으로 만들 수 있다. 그래서 초보 창업자들에게 숫자에 대한 감각을 익히고 1등 하는 업체를 찾아 목표치를 정하고 벤치마킹을 하라는 것이다.

내가 2호점을 오픈할 때 1등 하는 업체 두 곳을 탐색해 목표치를 뒀다. 당시 관악구의 A업체와 동작구의 B업체가 주변 상권에서 족발집으로는 1등을 하고 있었는데, '최근 주문수'를 보니 A업체는 2만 8천 콜, B업체는 2만 5천 콜이 나오고 있었다. 두 가게 모두 3만에 가까운 콜이었는데, 이 정도 주문수면 일대를 거의 다 장악하고 있다고 해도 과언이 아닐 정도로 굉장한 수치였다.

나는 바로 목표치를 설정했다. 현란한 수치로 계산하기보다는 단순 명료하게 1등하고 있는 업체들에서 딱 절반씩 주문수를 가져와야겠다는 목표를 정했다. 이러한 목표치가 허황되게 느껴질 수도 있겠지만, 내가 만들고 있는 족발에 대한 자부심이 있었고 1등 하는 업체를 분석해 벤치마킹하면 충분히 그들의 주문수를 가져올 수 있을 거로 생각했다.

결과는 어떻게 되었을까? 2만 8천 콜이 나오던 A업체는 현재 6천 콜, 2만 5천 콜이 나오던 B업체는 1만 5천 콜이 나오고 있다. 정확한 수치로 목표치를 설정하고 끊임없이 벤치마킹해서 적용한 결과 현재 내 가게가 관악구, 동작구 일대에서 1등 하는 업체로 거듭났던 것이다.

그런데 현재(2024년 9월 기준)는 배달의민족만으로 경쟁업체를 파악하는 데에는 무리가 있을 수 있다. 배달 앱의 시장 점유율이 최근에 많이 변하고 있기 때문이다. 배달 앱 시장에서 무료 배달 경쟁이 가속화되면서 배달 앱 시장 1위 자리를 굳건히 유지하고 있던 배달의민족 점유율이 60% 아래로 떨어졌다. 대신 쿠팡이츠(22%)가 4달 사이 2배 이상 점유율을 늘리며 맹추격하고 있다.

물론 쿠팡이츠와 요기요의 시장 점유율은 1위인 배민과는 여전히 큰 격차를 보이고 있지만, 성장세가 꾸준하다는 점에서 초보 창업자가 배민만을 기준으로 경쟁업체를 파악하는 것은 위험한 일일 수 있다(아쉽게도 쿠팡이츠와 요기요에서는 주문수 통계를 알 수 없다). 하지만 반쪽이더라도 주문수 통계를 알 수 있다는 것은 경쟁업체 파악에 도움이 되니, 벤치마킹 전략을 세울 때 참고는 할 수 있을 것이다.

1등을 하게 되면 자연스럽게 가속이 붙는다. 가속이 붙었다고 자만하면 안 된다. 무한경쟁 시장에서는 언제든 2등이, 혹은 새롭게 시장에 진입한 가게가 바짝 쫓아올 수 있기 때문이다. 그래서 항상 레시피에 대한 점검, 즉 맛이 한결같을 수 있도록 해야 하고 벤치마킹도 게을리하면 안 된다.

장사는 1등을 했다고, 안정화되었다고 해서 끝이 아니다. 새로운 것이나 더 좋은 것이 있다면 받아들일 자세와 준비가 되어 있어야 하고 고객이 나의 음식을 받았을 때 어떻게 하면 더 만족할 수 있을지 계속해서 고민해야 한다. 그 고민에 대한 답을 찾는 법을 이제는 눈치챘을 것이다. 바로 끊임없는 벤치마킹이다.

특히 아직 방향성을 잡지 못한 초보 창업자라면 반드시 1등 하는 업체를 탐색하고, 그 업체가 얼마나 매출을 일으키고 있는지,

그리고 어떤 차별화된 점과 강점이 있는지 파악해 좋은 점은 오픈하는 가게에도 꼭 적용해 보길 바란다.

1등을 따라가면 언젠가는 반드시 1등을 하게 되어 있다.

벤치마킹의 기본,
리뷰 많은 가게가 소비자에게
어필하는 법을 배워라

1등 하는 가게들은 당연히 리뷰도 많이 달린다. 그리고 1등이면서 고객 관리도 잘하는 가게들은 일방적인 고객의 리뷰가 아니라 소통하는 방식으로 리뷰 공간이 꾸려진다. 가령 배달이 신속하게 되어서 정말 좋았다는 리뷰가 달리면 점주는 댓글에 '빠른 배달로 ㅇㅇ님을 기쁘게 해드려서 저희도 정말 감사한 마음입니다'라는 식으로 고객이 언급한 점을 다시 반복하며 자신들이 고객의 말에 귀를 기울이고 정성껏 답변하고 있다는 점을 어필한다.

리뷰 공간은 주문하든 하지 않든 모두에게 공개되어 있기 때문에 초보 창업자가 해당 가게를 전반적으로 분석하는 데에 유용한 팁이 된다. 또 요즘 고객들은 서비스를 준다고 무조건 좋은 리뷰를 하는 것도 아니고, 나름 '무엇이 좋았다', '어떤 것은 좀 개선이 필요할 것 같다' 등 다양한 의견을 남기는 경향이 있기에 이를 분석하는 창업자들은 해당 가게의 장단점을 두루 살피면서 벤치마킹의 요소를 뽑아내면 된다.

　나도 족발집 창업을 처음 할 때는 여러 가게의 리뷰 공간을 둘러봤고, 특히 벤치마킹할 요소가 많은 1등 업체의 리뷰는 자세히 들여다봤다. 그리고 리뷰에 있는 고객들의 말대로 정말 맛이 있는지, 서비스가 좋은지, 밑반찬이 정갈하게 나오는지 등을 확인하기 위해 배달주문도 해보면서 어떻게 나의 가게에 응용해서 적용할 것인지 탐구했었다.
　그런데 배달주문으로 족발을 시켜 먹으면서 들었던 생각이 하나 있었다. 대부분 가게가 족발과 반찬을 손에 잡히는 대로 집어 넣는 듯했다. 그래서 큰 포장 봉지에 뜨거운 것과 차가운 것이 뒤섞여서 오는 것이었다. 물론 포장해서 배달을 나가면 30분 안에는 고객에게 전달되지만, 그래도 고객이 포장을 뜯었을 때 뜨거운 것은 뜨거운 것끼리, 차가운 것은 차가운 것끼리 정리되어 있으면 '이 가게는 작은 것 하나에도 이렇게 신경을 쓰는구나' 하는 인상을 줄 것 같았다. 또 각 음식은 온도에 따라서도 맛의 차이는 분명히 있기 때문에 기왕 포장해서 나갈 거라면 본래의 온도를 최대한 유지할 수 있게끔 하면 좋은 반응을 끌어낼 수 있을 거로 생각했다.

다른 가게와 아주 작은 차이지만, 세상에는 정말 다양한 고객이 있기에 이런 디테일도 정확하게 짚으면서 긍정적인 리뷰를 달아주기도 한다.

또 다양한 고객의 의견을 보면서 어떤 차별화가 있으면 좋을지 고민하다가 '아! 족발에는 고유의 향기가 있지, 그 맛있는 향기를 극대화할 수 있도록 해보자'라고 생각했다. 실제 고객들은 배달 음식을 시켰을 때 가장 먼저 눈으로 음식을 보고 그다음이 향기로 느끼고, 마지막으로 직접 먹어보면서 맛을 평가한다. 시각적인 면은 정돈된 형태로 포장을 해서 맛있게 보이도록 했으니, 이번에는 포장을 뜯었을 때 올라오는 첫 향기로 고객의 마음을 사로잡도록 했다. 구수한 족발의 향이 널리 퍼질 수 있도록 비법 재료를 써서 족발을 삶아 배달해 보니 실제 고객 리뷰에도 족발 냄

새에 대한 긍정적인 반응이 크게 늘었다.

나의 차별화는 기발한 아이디어는 아니었다. 누구나 생각할 수 있는 부분이지만, 디테일에 신경 쓰지 않으면 그냥 넘길 법도 한 요소였다. 하지만, 고객은 주문 음식을 받았을 때 이런 작은 부분도 크게 느끼기 마련이다. 디테일에 신경을 썼다는 점이 고객에게 어필이 되면 자연스럽게 해당 가게에 대한 긍정적인 인식이 생기게 되고, 그 긍정적인 인식은 좋은 리뷰로 남게 된다.

그래서 초보 창업자들은 장사 전략을 세울 때 벤치마킹할 가게의 리뷰를 면밀하게 분석해야 하고, 또 직접 시켜 먹으면서 어떤 좋은 점을 자신의 가게에 적용할지 파악해야 한다.

그리고 또 하나 주의해야 할 점이 있다. 대개 예비 사장님들이 어떤 근자감(근본 없는 자신감)에서 그러는 것인지는 몰라도 벤치마킹 대상의 음식을 먹었을 때, '나는 이것보다 잘할 자신이 있다', '이런 점은 아닌 것 같다', '에이, 리뷰 의견보다 못하네' 하는 식으로 경쟁업체를 깎아내리려는 경향이 있다.

남을 인정하지 않으려는 태도는 정말 잘못된 접근 방식이다. 이런 사장님들은 애당초 1등을 인정할 생각이 없기에 그런 태도로는 어떤 벤치마킹 요소도 찾을 수 없다. 우선 초보 사장님들이 벤치마킹할 업체를 찾았다면 그 업체가 안 되는 점이 아니라, 잘 되는 점을 파악하고 그 장점을 자신의 가게에 맞게 적용하려는 전략을 세워야 한다.

그리고 벤치마킹할 요소를 가져와 전략을 세웠다면 본격적으로 장사를 했을 때 승부를 볼 수 있을지 가늠해 보고, 승산이 있다면 그때부터는 과감하게 전쟁에 나서야 한다.

나는 창업 컨설팅을 할 때 리뷰 속에 답이 있다는 말을 자주 한다. 정말 그렇다. 나의 가게뿐만 아니라, 대부분 가게에 달리는 리뷰에는 뼈아픈 말도 많지만, 사장님들에게 도움이 될 만한 팁도 무궁무진하다.

의외로 사소한 것이 큰 힘을 발휘할 때가 있다. 작은 것이라고 그냥 넘길 것이 아니라, 고객이 왜 그런 반응을 하는지 자신이 고객의 입장이 되어 리뷰를 분석해 본다면 우리 가게에 적용할 벤치마킹 요소를 찾는 게 그리 어려운 일도 아닐 것이다.

그래도 자신감의
근본은 나의 레시피다

아무리 벤치마킹을 잘해도 나의 레시피에 자신감이 없거나 내세울 만한 장점이 없다면 1등 따라가기 전략은 실패하기 마련이다. 그래서 초보 창업자들은 잘하는 가게를 벤치마킹하기 전에 우선은 나만의 레시피를 완벽하게 만들어 둘 필요가 있다.

나도 2호점을 오픈할 때 나의 레시피가 부족했다면 1등 하던 곳들의 주문수를 나의 가게로 흡수시키지 못했을 것이다. 나의 가장 큰 강점은 일단 레시피가 완성되면 어디에서 조리하든 상관없이 비교적 같은 맛이 나온다는 점이었다. 고객들이 좋아할 만한 맛에 향기까지 더했으니, 음식이 더욱 맛깔스럽게 보일 수밖에 없었을 테고, 이것이 내가 1등 전략을 펼칠 수 있는 기반이 되었다.

만족스러운 레시피가 나오기 위해서는 일단 업종을 고를 때 자신이 잘 아는 종목을 골라야 한다. 즉 내가 특별히 좋아하는 음식이거나 남들이 내가 만든 특정 음식을 먹었을 때 좋은 반응이 있었던 것 등 어떤 피드백이 와도 내가 잘 조율할 수 있는 종목을 선택해야 한다는 말이다. 이런 종목을 선택해야 새로운 레시피를 구상해도 자신감이 생길 수 있고, 그 자신감이 바탕이 되어야 비로소 승부도 가능해진다.

물론 하고 싶은 업종이 평소에 잘 모르는 종목일 수도 있다. 만약 그런 종목을 선택한다고 하더라도 내가 잘 아는 종목만큼 개업 전에 모든 걸 습득하는 노력을 기울여야 한다. 그런 노력이 뒷받침 되어야 새로운 종목에 대한 자신감도 뒤따르게 된다.

종목을 선택하고 레시피를 구상할 때는 절대 유행을 쫓아가서는 안 된다. 유행은 생각보다 빨리 식어버린다. 큰돈을 들여 어렵게 가게를 차렸는데, 유행 따라가다 장사 길이 막혀버리면 그것만큼 난감한 일도 없다.

　몇 년 전 탕후루 열풍으로 우후죽순 탕후루 가게가 생겼는데, 이 유행도 2~3년 인기를 끌다가 현재는 비인기 업종으로 전락해 버렸다. 외국에서 유행하는데 우리나라에는 아직 전해지지 않은 종목을 금전적 여유가 있어 도전 삼아 해보는 것은 경쟁이 없는 블루오션 시장이기에 해볼 만도 하겠지만, 이미 유행의 바람을 크게 탄 종목인 탕후루와 같은 업종은 되도록 피하는 것이 좋다.

　하지만 블루오션이라는 것도 우리나라 자영업 시장을 보면 몇 달만 지나면 무경쟁시장이 레드오션이 되어버리기 때문에 초기 시장을 잡으려는 노력보다는 내가 정말 자신 있는 종목을 골라 성공적인 벤치마킹으로 안정적으로 가게를 꾸려가는 것이 바람직하다.

　레시피에 있어 자신감은 긍정적인 요인이 되지만, 자만심은 폐업이라는 화를 자초할 수도 있다. 앞서 말했듯이 우리나라 사람들은 근자감이 넘치는 경우가 종종 있다. '너는 머리는 참 좋은데 노력을 안 해서 공부를 못한다'라는 소리를 자주 들어서 그런지, 스스로 대단한 사람으로 여기곤 한다.

　그런데 창업 시장은 서로에게 총을 겨누는 전쟁터와 같다. 전쟁을 벌이는데 누가 총과 총알을 갖추지 않고 전쟁터를 나가겠는가. 대체로 폐업하는 사장님들은 '내 요리는 정말 맛있는데, 왜 장사가 안되는지 모르겠네'라며 실패의 원인을 전혀 알지 못한다. 그 사장님들의 음식을 먹어보면 나는 폐업의 이유를 알겠는데, 정작 폐업하는 사장님들이 자신을 모르는 것이다.

초보 창업자라면 자신의 위치를 정확히 알고 있어야 한다. 세상에는 나와 같은 메뉴를 정말 맛있게 만드는 곳이 많고, 고객의 니즈를 정확히 파악해 현명하게 가게를 운영하는 사장님들도 정말 많다. 이런 현실은 외면한 채 '나의 레시피가 최고야', '잘한다는 곳 레시피도 나보다 못해'라는 자만심은 결국 폐업으로 가는 길을 앞당길 뿐이다.

완성된 레시피와 내 가게에 적용할 벤치마킹 요소 등 총과 총알이 준비했다면 전쟁터에 본격적으로 나설 차례다. 하지만 계급이 낮은 경험치가 부족한 병사는 처음부터 선두에 설 수 없다. 몸을 사릴 때는 사릴 줄 알아야 하고, 적극적으로 나설 땐 나설 줄 알아야 한다. 즉 전략적으로 접근해야 한다는 말이다.

전략의 기본은 상대를 제대로 파악하는 데에서부터 시작한다. 적을 알고 나를 알면 백전백승이라고 하지 않던가. 나의 무기(레시피)와 상대의 무기를 비교하는 일, 상대는 어떤 강점이 있고 어떻게 고객의 마음을 어필하고 있는지, 홍보와 가게 운영은 어떻게 하고 있는지 등 전반적인 상황을 검토하면서 끊임없이 분석하고 벤치마킹하면서 1등으로 거듭나려고 해야 한다.

어쨌든 전쟁이라는 것도 자신감이 없으면 전쟁터에서 오래 살아남을 수 없다. 초보 사장님들은 나만의 레시피라는 근본 '있는' 자신감을 완비하고 전쟁터에 나서길 바란다.

그리고 승산이 생겼다고 판단되면 과감하게 승부를 펼쳐라!

새롭게 장사를
배우게 된 계기

다시 나의 1호점을 운영하던 시절의 이야기로 돌아가 보자. 오픈 석 달 만에 8천만 원의 매출이 나오자, 나는 가게를 동생에게 넘기고 본사로 넘어가 창업 컨설팅을 전담했다. 직접 가맹점 오픈을 준비하고 운영하면서 체감했던 점을 예비 사장님들에게 고스란히 전해줄 수 있어서 가맹사업 일도 그럭저럭 잘해 나갔다. 또 워낙 사람을 만나서 이야기하는 것을 좋아해 본사 업무가 적성에도 맞았다.

그런데 언젠가 아버지가 나를 부르시더니, 가게로 돌아와서 일을 도와줄 수 없겠느냐고 말하는 것이다. 아버지의 속사정은 이랬다.

내가 본사로 돌아간 후 동생이 1호점을 운영했는데, 장사에 큰 재주가 없었던 동생은 가게 운영을 제대로 하지 못해 아버지까지 내려와서 함께 일하게 되었단다. 그런데 평생을 제조업 분야에서 일하시던 아버지가 함께한다고 해서 가게 운영이 제대로 돌아갈 리가 없었다. 결국 매출액 8천만 원을 찍던 가게가 매출액 5천만 원대까지 추락하고 말았다.

본사 업무와 가맹점을 동시에 한다는 것은 불가능한 일이었다. 결국 나는 본사에 부대표라는 직함은 남겨두고 1호점을 다시 전적으로 맡는 조건으로 돌아오게 된다. 가게로 와서 직접 가게 운영 상황을 보니, 정말 가관이었다. 오픈 초기에 정비되었던 시스템은 다 무너지고 사장과 직원의 동선도 얽히는 등 모든 것이 비효율적으로 돌아가고 있었다.

내가 1호점으로 돌아간 시기는 코로나 때로 배달업 하는 사람들이 특수를 누리고 있던 시기였다. 그런데 우리 가게는 그 특수를 전혀 누리지 못하고 있었다. 아버지와 동생은 왜 장사가 안 되는지 그 이유를 전혀 이해하지 못하고 있었지만, 나는 반나절 정도 있어 보니 매출이 떨어질 수밖에 없는 이유를 바로 알 수 있었다. 어떤 일이든 자기 일이라고 전혀 생각하지 못하고 있는 게 기본적인 문제였다.

만약 지금 당장 해야 할 일이 5개가 있으면, 자기 일이라고 여기면 한 개를 하든 두 개를 하든 누구든 당장 눈앞에 닥친 일을 처리하는 것이 정상이지만, '나는 A를 맡고 너는 B를 맡아라' 하는 식으로 모든 것을 분업화해 둬서 계속해서 빈틈이 생기는 것이었다.

이런 분업화가 직원들은 편하고 좋았다. 포스기(계산대)를 잡는 친구는 포스기만 잡으면 되고, 홀 담당하는 친구는 홀만 신경 쓰면 그만이었다. 당장 나가야 하는 족발을 포장해야 하는데, 포장하는 사람이 바쁘면 덜 바쁜 직원이 와서 도울 수도 있을 법한데, 모두가 자기 일이 아니다 보니 손 놓고 쳐다보고만 있었다. 아버지와 동생, 그리고 덩달아 직원들까지 모두 자기 포지션만 지키려고 하니깐, 왜 지금 우리가 장사가 안 되는 것이지 하는 고찰이 정확히 되지 않았던 것이다.

그런데 가장 큰 문제는 따로 있었다. 바로 지출되는 비용이었다. 장부를 보니 월매출은 5천만 원인데, 매출의 절반이 재료비로 나가고 있었다. 거기에 인건비, 임대료, 관리비 등등 모든 비용을 고려하면 수익이 전혀 나올 수 없는 구조였던 셈이다.

재료비 과다 지출은 '많이 퍼주면 고객들은 고마워하겠지' 하는 안일한 생각에서 비롯되었다. 본사에서 정한(내가 족발 정량을 정했다) 양을 초과해서 족발을 무한정 퍼주고 있었고 양을 늘리면 장사가 잘될 것이라 생각했지만, 오히려 과도한 재료비 지출로 손해를 보고 있었던 것이다.

일단 재료비부터 줄이고자 했다. 나가는 족발의 양을 본사의 정량으로 맞추고자 했더니, 그러면 가게 망한다고 모두가 아우성을 쳤다. 그래서 나는 아버지께 이렇게 말씀드렸다.

"아버지, 내가 본사 부대표야. 족발 정량도 다 내가 정했어. 내가 알아서 할게."

족발 양을 정량으로 맞추니 재료비를 23% 이상 절감할 수 있었다. 또 운영 시스템도 정비했는데 비효율적인 재고 시스템을 바로 잡았고, 고객 관리에서는 같은 내용을 반복해서 리뷰에 댓글을 달기보다는 고객의 리뷰에 직접 응대하는 방식으로 수정했으며, 포장 상태를 개선해서 고객이 음식을 받았을 때 방금 만든 것 같은 음식을 먹는 기분이 들도록 했다. 그리고 그간의 수익금으로 재투자를 했는데 메뉴를 변경하면서 가격을 조정했고 미닫이문을 자동문으로 바꾸는 등 부분적으로 인테리어도 바꿨다. 그렇게 나는 1호점 복귀 두 달 만에 다시 8천만 원으로 매출을 회복할 수 있었다.

매출은 오르고 지출은 줄었으니 당연히 마진이 생겨나는 구간도 크게 늘었다. 그런데 한 가게에서 나와 동생이 함께 일하고 있으니, 수익은 커졌어도 내 주머니에 들어오는 돈은 그리 크지 않았다. 그래서 관악구에 2호점을 내기로 했고, 동생에게 2호점을 맡기고 나는 1호점 운영을 하면서 3호점 오픈을 준비했다.

나는 비효율적인 시스템을 바로 잡으면서 다시 한번 장사를 새롭게 배우는 계기가 되었다. 모름지기 사장은 슈퍼맨이 되어야 한다. 분업화는 정말 매장이 대형화가 되지 않는 이상 시도해서는 안 될 시스템이다. 사장이 모든 시스템에 언제든지 투입될 수 있어야 하고, 직원들도 자기 자리를 고수하기보다는 빈틈이 생기면 메울 수 있도록 교육해야 한다.

또 무조건 많이 퍼준다고 장사가 잘되는 것이 아니다. 싸고 맛

있고 많이 줘서 세상에 끝까지 살아남는 가게는 없다. 검증된 맛과 양이 변치 않는 것이 더 중요하다.

　그렇게 나는 새롭게 장사를 배우면서 2호점을 성공적으로 안착시켰고, 3호점도 오픈하며 나의 전략이 틀리지 않았다는 것을 증명해 나가고 있다.

대박을 꿈꾸며 시작한 창업,
무한경쟁 시장 속으로

★ ★ ★

경제적 상황이 매우 어렵다. 그래서인지 직장생활을 하며 월급만으로는 만족할 만한 생활을 할 수 없어 투잡, 쓰리잡을 뛰거나 각종 금융 투자 등을 통해 수익을 창출하려고 하는 사람들이 많아졌다. 여윳돈은커녕 당장 먹고살기 위한 돈도 부족한 마당에 무리한 투자로 극단의 상황에 몰리는 사람들도 적지 않다. 서민들은 지금 다니고 있는 직장에서 언제까지 살아남을 수 있을지 몰라 항상 불안에 떨고 있으며, 길어진 수명으로 돈벌이 없이 살아야 할 날이 막막하다고 아우성친다.

먹고사는 문제를 고민하다 보면 투잡과 투자 외에도 '창업'을 고려하는 경우도 많다. 각종 창업 세미나와 창업 박람회가 매번 성황을 이루는 것도 어려운 경제적 상황을 방증하는 현상일 것이다. 그런데, 인생 2막이라는 창업을 통해 성공하는 사람들은 얼마나 될까?

2023년 기준 우리나라 오프라인 매장 수는 약 199만 개다. 그 중 외식업은 82만 개로 전체 자영업 비중의 40%가 넘는다. 외식업에서는 한식업이 약 36만 개로 압도적으로 많고, 최근 젊은 층을 중심으로 창업이 늘어난 카페도 10만여 개에 이른다.

최근에는 창업 건수가 더 늘어나는 추세다. 핀테크 기업 핀다가 조사한 결과 2023년 상반기 창업이 전년 동기 대비 11.2% 증가했고, 가장 인기를 끈 업종은 교육, 서비스, 외식업 순이었다.

우리나라 인구를 5천만 명이라고 하고 현재 외식업 매장을 80만 개라고 한다면, 62명당 1개꼴로 외식업을 하는 매장이 있는 셈이다. 즉 거리에 나가면 곳곳에서 볼 수 있는 가게가 음식점이라는 말인데, 이런 상황에서 외식업 창업을 통해 얼마나 많은 사람들이 성공할 수 있을까?

대박을 꿈꾸며 창업했지만, 자영업자 10명 중 1명이 폐업하는 것이 현실이다. 특히 최근에는 고금리, 고물가, 고환율이라는 3고(高) 현상으로 전반적인 매출 하락과 대출 상환 부담 등 자영업자의 경영 환경이 악화하면서 폐업이 역대 최고치를 기록하고 있다. 2023년 전국 외식업 폐업률은 10%를 넘어섰고, 서울 지역은 가장 높은 폐업률인 12.4%를 기록했다. 2005년 이후 가장 높은 수치다.

코로나 시기 배달 특수를 누리지 못한 가게들은 빚을 내면서 버텼는데, 코로나 이후 경기 둔화와 고금리 기조에 연체율이 높아지면서 더 이상 버틸 수 없어 문을 닫는 가게들이 늘어난 것이다.

창업을 준비하는 예비 사장님들은 이런 사정을 알지 못하는 것일까? 왜 외식업에 도전하려는 것일까? 이유는 간단하다. 누구나 쉽게 접근할 수 있는 사업 분야이기 때문이다. 접근이 쉽다면 그만큼 경쟁이 치열하다는 의미이고, 경쟁이 치열하면 또 그만큼 살아남기 힘들다. 하지만, 특별한 기술이 있는 것도 아니고, 기발한 창업 아이템이나 아이디어가 있는 것이 아니라면 창업을 고려할 때 가장 만만(?)하게 보이는 외식업에 몰리는 것도 어쩌면 당연하다.

그런데 문제는 누구나 창업할 수 있으니 너무 준비 없이 진입한다는 데 있다. 앞서 언급했듯이 장사는 무한경쟁이 펼쳐지는 곳이고, 전쟁터라고 비유되는 곳인데 기본적인 무기(총과 총알) 없이 뛰어든다면 아무리 여윳돈이 많다고 한들 얼마나 버틸 수 있겠는가? 밑 빠진 독에 물 붓기나 다름없다.

외식업을 준비하는 예비 사장님들에게 당부하고 싶다. 장사는 아무나 할 수 있지만, 아무나 돈을 버는 것은 아니다. 쉽게 생각하면 망하기 십상이다. 장사가 안정화되기 전까지는 개인 생활은 아예 생각지 못할 수도 있다. 생각했던 투자비보다 훨씬 더 많은 돈이 필요할 수도 있고, 개업 초기 매출이 나오지 않아 후회가 밀려올 수도 있다. 또 시시때때로 사람을 피 말리게 하는 진상 고객 때문에 '내가 이러려고 장사를 시작했나' 하는 생각을 할 수도 있다. 그리고 내 가게 주변으로 우후죽순 생기는 경쟁업체들을 보며 쌓이는 스트레스와 걱정도 만만치 않다.

그래도 외식업 창업에 도전하고 싶은가?

그래도 창업을 하고 싶다면 일단 철저히 준비하는 것이 가장 중요하다. '카더라' 하는 주변의 말에 휘둘리는 것도 안 되지만, 근본 없는 자신감으로 자신의 위치를 제대로 알지 못해서도 안 된다. 자신감의 근본인 레시피의 완성도를 높이고 벤치마킹을 통한 1등 따라가기 전략을 세워보자. 이 책에 제시된 여러 방법은 내가 실제로 장사를 하면서 검증한 것이니, 전략의 기본으로 두고 뚝심 있게 밀고 나가자.

외식업 창업이 누구나 쉽게 접근할 수 있지만, 또 누구나 똑같은 경쟁의 상황에 있다. 그러니 나만 힘들다고 생각지 말자. 다들 똑같이 힘들고, 지금 1등 하는 업체도 그러한 시기를 거쳐왔다.

1등 따라가기 전략으로 무한경쟁 시장에서 꼭 살아남는 승자가 되길 바란다!

2장

대박과 쪽박은
한 끗 차이

장사도 다른 투자와
결코 다르지 않다

간혹 부동산이나 금융 투자가 아니라, 왜 장사를 해서 돈을 벌려고 하느냐는 질문을 받곤 한다. 창업을 통해 성공하는 경우가 극소수이기 때문에 사람들이 내게 이런 질문을 하는 것일 테다.

물론 이런 질문의 이유에 나도 공감은 하고 있다. 월급쟁이로 먹고 살기가 팍팍하다 보니 갈수록 자영업자의 수는 늘어가는 반면, 늘어나는 숫자 이상으로 한 집 건너 한 집이 폐업하고 있기에 나도 굳이 장사를 해서 꼭 돈을 벌 수 있다고 강조하지는 않는다.

사실 내가 어릴 때만 해도 부동산을 사면 자연스레 땅값이나 집값이 올라갔기에 은행 이자만 감당할 수 있으면 부동산 투자를 통해 돈 벌 수 있는 기회가 무궁무진했다. 코로나 시기만 해도 어땠나. 너나 할 것 없이 코인 투자니 주식투자니 부동산 투자니 하는 투자 광풍이 불었고, 그 결과 지금은 투자에 나섰던 수많은 사람이 감당할 수 없는 계산서를 받아 들고 막막해하고 있다.

지금 어딘가에 투자를 하고 싶어도 부동산 가격은 넘볼 수 없는 산이 되어버렸고 금리는 감당할 수 없는 수준이 되어버렸다. 주식시장이나 코인 시장도 지금은 매력적인 투자처가 아니라, 섣불리 투자에 나설 수도 없다.

그렇다고 창업을 권장할 수도 없다. 창업에는 일단 목돈이 필요하고, 초기 운영을 위해서는 여유자금도 충분해야 한다. 그리고 매일 부닥치는 매출 성적이라는 암울한 현실에 좌절과 실망을 겪을 수도 있다. 그래서 사업을 하고 장사를 하다 보면 부동산으로 돈을 많이 벌었던 우리 부모님 세대를 부러워할 수밖에 없는 순간도 찾아온다.

그렇다면 우리는, 특히 장사를 하고자 하는 사람들에게 창업이 답이 되려면 어떻게 해야 할까?

장사도 결국 다른 투자와 크게 다르지 않다는 점을 생각할 필요가 있다. 어딘가에 투자할 때 모두 자기자본으로 하는 경우도 있지만, 대부분은 돈을 빌려서 투자한다. 투자를 통해 수익이 발생하면 빌린 돈의 이자를 갚아나가고, 더 큰 수익이 발생하면 원금도 갚을 수 있는 수준이 된다. 이제 그때부터 벌어들이는 수익은 온전히 나의 돈이 된다.

장사도 이와 크게 다르지 않다. 대부분 돈을 빌려 창업을 하고, 하루하루의 매출을 더 크게 일으켜 마진을 남기고자 하고, 마진이 남으면 차차 원리금을 갚아나가며 언젠가는 빌린 돈을 다 갚을 수 있다. 물론 일반적인 투자와는 다르게 장사는 나의 생계이기에 시간과 노력이 더 많이 투입되지만, 장사가 정상궤도에 오르고 안정화되면 그 어떤 투자 수익 못지않은 돈을 벌 수 있다.

창업이란 어찌 보면 내 인생의 새로운 도전이다. 대부분 가족의 생계를 위해 절박한 심정으로 창업의 세계에 뛰어드는데, 이런 절박함과 새로운 도전에는 반드시 공부하고 고민하는 시간이 필요하다. 아무 생각 없이 막연한 확신으로 장사에 나서게 되면 백이면 백 실패하기 마련이다.

주식투자를 할 때도 해당 종목의 수많은 정보를 수집하고, 주가 추이를 예상하면서 신중하게 발을 들여놓는다. 하물며 창업은 주식투자와는 비교할 수 없을 정도로 많은 돈과 시간과 노력이 필요한데, 충분히 공부하고 고민할 시간적 여유 없이 출발하면서 어찌 성공을 바랄 수 있겠는가.

조급한 마음을 가지지 말자. 물론 실패할 수도 있지만 그 속에서 내가 얻는 가치도 분명히 있다. 그래도 누구나 다 실패는 두렵기 마련이다. 그런 창업자의 마음을 알기에 나는 초보 창업자들의 시행착오를 줄이고, 그들이 깊은 실패의 늪으로 빠지지 않길 바라는 마음으로 이 글을 쓰고 있다.

2장은 대박 나는 가게와 쪽박 차는 가게의 그 미세한 차이를 중점적으로 이야기한다. 나의 실패와 여러 경험을 보며 초보 창업자들이 조금이라도 변화된 마음가짐으로 장사를 시작할 수 있었으면 한다.

창업 자본은
본인 자금 100%가 이상적이다

장사를 시작하는 데 제일 먼저 고려해야 할 요소는 창업 자금이다. 업종에 따라 창업 자금은 다르겠지만, 투자하는 본인의 자금 비중이 적다면 망할 가능성도 그만큼 커질 수밖에 없다. 한 통계 자료에 따르면 창업 후 3년 이내에 폐업하는 업체가 70%가 넘는다고 한다. 3년이라는 시간은 버티고 버티다 가게 문을 닫는 것이지, 실제로는 1년도 채 되지 않아 폐업하는 경우가 허다하다.

창업 초기, 왜 이토록 많은 가게가 문을 닫는 것일까? 사장의 경영관리 미숙, 잘못된 업종 선택, 급변하는 주변 환경에 대한 능동적인 대처 부족 등 다양한 이유가 있겠지만, 결정적인 실패의 원인은 창업 자금의 부족인 경우가 가장 많다.

주변에 창업하는 사장님들을 보면 본인 자금보다 더 많은 돈을 빌려 가게를 오픈하곤 한다. 물론 시작은 자기 레시피에 대한 확신과 열정으로 초기 자금의 부족 정도는 언젠가는 메울 수 있을 것이란 막연한 신념을 가졌을 것이다.

하지만 창업의 세계는 냉혹하다. 자신의 돈, 시간, 열정 등 모든 것을 쏟아부어도 '창업 성공'의 길은 험난하기만 하다. 돈이 생각했던 대로 돌지 않으면 그동안 품었던 꿈과 들인 노력을 헛되게 만들 수도 있다. 그래서 성공적인 창업을 위해서는 충분한 창업 자금의 확보가 선행되어야 하고, 충분한 자금은 '버틸 수 있는 힘'이 되기에 창업 초기 어려움을 극복하는 원동력이 된다.

나는 원칙적으로 창업 자금은 100% 본인 자금이 가장 이상적이라고 생각한다. 하지만 창업 전 급여소득만으로 모든 창업 자금을 마련하는 건 사실상 불가능한 일이다.

어쩔 수 없이 금융권의 도움을 받아야 하지만, 그렇더라도 과도한 차입은 절대 해서는 안 된다. 은행 이자가 아무리 낮은 상황이더라도 창업 자본금 규모의 절반 이상에 해당하는 금액을 대출 받아 창업하는 사장님들이 있는데, 이건 거의 도박에 가깝다. 그래서 창업 자금은 50% 이상 자기 자본으로 해서 창업 초기 매출 부진으로 어려움에 봉착하거나, 아니면 가게를 하나 더 오픈할 경우 추가 대출의 여유가 있어야 한다.

창업 자금을 마련할 때 반드시 생각해야 할 점이 있다. 나의 아이템이 내가 가게를 오픈할 곳에서 얼마나 영향력을 미칠지 하는 상권분석이나, 내 아이템으로 얼마만큼의 매출을 일으킬 수 있는가 하는 나름의 객관적인 분석이 선행되어야 한다.

가령 스스로 가장 손쉽게 객관적 분석 지표를 마련할 수 있는 방법으로는 배달 앱 활용이 있다. 우리나라의 대표적인 배달 앱 배달의민족은 독특하게 가게마다 최근 6개월 누적 주문 수를 공개하고 있다. 경쟁해야 할 가게들의 누적 주문 수를 분석하면서 장사가 가장 잘될 때와 되지 않을 때를 구분하면서 내가 경쟁업체에서 얼마만큼의 주문 수를 가져올 수 있을지 가정하면 월 매출의 범위를 나름대로 가늠할 수 있다.

월 매출을 추산했다면 그에 따르는 원자재 가격과 인건비, 임대료, 마케팅 비용과 기타 예비비, 그리고 대출을 받았다면 원리

금 상환까지 지출하는 모든 비용을 감당할 수 있는지 따져봐야
한다.

단순히 경쟁업체에서 월 1억 원의 매출이 있으니까 나도 그 정
도 매출을 낼 수 있다는 식으로 접근하면 애당초 전제 자체가 잘
못된 길로 들어설 수밖에 없다. 초보 창업자들은 흔히들 나에게
이로운 방향으로 장밋빛 미래를 그리곤 하는데, 자신의 상황을
좀 더 객관적으로 보기 위해서는 막연하게 잘될 것이라고 하는
색안경을 벗어 던져야 한다.

창업의 모든 프로세스는 창업자 개인이 감당하는 일이기에 편
견이나 막연한 확신이 개입될 수밖에 없다. 객관적인 창업 예비
자본 설계는 불가능하더라도 나 이외의 다른 사람들도 수긍할
수 있는 나름의 객관적 지표를 만드는 것, 그것이 창업의 출발점
이다.

100% 자기 자본 창업이 아니라면 더더욱 상황을 객관적으로
바라봐야 한다. 세상에 공짜는 없다. 남의 돈을 빌려 창업했다면
그에 상응하는 책임을 져야 하기에 신중하게 자신의 상황을 돌아
보고, 나 이외에 다른 사람을 설득할 수 있는 나름의 객관적 지표
를 설계할 필요가 있다.

개업 초기, 적어도 3개월은
버틸 수 있어야 한다

벌써 20여 년 전의 일이다. 당시에는 PC방 사업을 하면 밥 먹고 사는 데에는 큰 지장이 없을 정도로 PC방이 성행했고, 그래서 PC방 창업을 전문으로 하는 멀티미디어 콘텐츠 시설 제공업이라는 것이 선호하는 창업 형태 중 하나였다. 물론 PC방이 쉽게 가게를 차려서 쉽게 돈을 벌 수 있다는 말은 아니었는데도 일단 시설을 깔아놓으면 사람들이 올 거라고 생각하는 사람들이 많았다.

나도 당시에 PC방 사업과 창업 컨설팅을 하고 있을 때라 여러 예비 창업자들을 만나면서 그들을 돕고 있었는데, 동종 업계에서 일하는 사람으로부터 안타까운 이야기를 듣게 된다.

한 대기업에 다니다가 명퇴를 하고 나온 48살의 예비 창업자가 컨설팅을 받고 퇴직금을 한 푼도 남기지 않고 탈탈 털어서 PC방을 오픈했다고 했다. 얘기 듣기로는 PC방 자리가 나쁘지는 않았던 것 같다. 그때는 컴퓨터 대수만 많으면 어느 정도 주변 상권을 장악할 수 있는 힘이 있었기에 이 사장님은 3억 원이라는 거금을 투자해 조금 크게 PC방을 차렸던 모양이다.

20년 전의 3억 원이라는 돈은 절대 적은 돈이 아니다. 물론 지금도 큰돈이다. 왜냐하면 소자본 창업의 기준점이 2억 원 정도이니, 3억 원이 넘어가면 중자본 창업이 되기 때문에 일반인들은 쉽게 접근하기 어려운 영역이다. 이 사장님은 비교적 큰 규모로 시작하면 경쟁에서 우위를 점할 수 있을 거라는 생각을 했는데, 장사라는 게 운도 크게 작용하는 영역이다 보니, 그 사장님은 가게를 오픈하고 2개월을 버티지 못했다. 알바생에게는 출근하지 말라고 하고 가게 문을 닫고 스스로 세상을 등져버렸던 것이다(이 경험 때문에 한동안 인테리어를 할 때 오픈형 천장으로만 시공하기도 했다).

소위 '오픈빨'이라고 해서 1~2주는 장사가 잘될 수도 있다. 그런데 당연히 장사라는 게 잘될 때도 있고 안 될 때도 있으며, 특히나 창업 초기에는 여러 부침이 있기 마련이다. 물론 처음부터 대박 나는 가게들도 있지만, 일반적으로 오픈하자마자 대박 나기는 힘들다.

그래서 보통 세네 달 정도는 마진이 남지 않을 것이라 생각하고 이를 감내하고 버틸 수 있는 힘이 있어야 하는데, 그 사장님은 퇴직금을 '몰빵'하면서 여윳돈과 마음의 여유가 없었던 것이다. 이렇게 버틸 수 없는 상황에서 퇴직금도 다 날리고 가게도 날릴 판이고, 컴퓨터 등 시설은 있지만 팔아봐야 절반 가격도 받지 못하니, 그 사장님은 극단적인 선택을 했던 것이다.

또 예비 자산 없이 가게만 차리면 바로 돈을 벌 수 있을 거라는 안일한 생각과 함께 가족을 부양해야 한다는 책임감도 있었을 테니, 심적인 부담은 더했을 거란 생각도 든다.

많은 예비 창업자가 창업을 통해 부자가 되고 싶어 하지만, 사실 돈이라는 건 내가 원하는 것만큼 빨리 나에게 와주지는 않는다. 돈을 많이 벌고 싶은 만큼 기다릴 줄도 알아야 한다. 여기서 기다린다는 말은 어느 정도 버틸 수 있는 힘이 있어야 한다는 말이기도 하다. 버틸 수 있는 힘은 당연히 여유 자금에서 오는 법이다.

창업을 하고 가게 운영을 지속하기 위해서는 최소한 3개월, 길게는 6개월 정도는 내가 감당할 수 있는 운영비가 있어야 한다. 처음부터 매출이 커서 현금흐름이 좋다면 문제가 없지만, 그렇지 않다면 일반적으로 고객의 마음을 얻는 데는 최소한 3개월에서 6개월 정도는 필요하다.

오픈한 가게에 손님이 없더라도 원재료비, 인건비, 임대료 정도는 감당할 수 있어야 계속 가게 문을 열 수 있다. 여유 자금을 가지고 출발하면 초심을 잃지 않고 자신의 레시피를 지키고, 좋은 서비스를 유지하면서 고객들에게 다가갈 수 있기 때문이다.

만약 여유 자금이 없다면 자신의 레시피를 유지하기 힘들고 직원을 줄이게 되고 가게 위생이나 환경에도 소홀하게 된다. 이런 상황에서 시간이 지나면 어떻게 될까? 개선의 여지가 있을 수 있을까? 수익이 적은데 어떻게 처음과 같을 수가 있겠는가! 결국 여유 없이 시작하면 어떤 요소에서든 돈을 아끼게 되고, 그렇게 되면 장사가 잘되기보다는 서서히 망하게 되는 흐름을 타게 된다.

대개 많은 사장님이 창업 초기에 여윳돈이 없는 상황에서 장사가 잘되지 않으면 인건비와 마케팅 비용에 먼저 손을 댄다. 그런데 인건비와 마케팅 비용을 줄인다는 것은 3개월 안에 소기의 성과가 달성되지 않았을 때 그다음은 없다는 말과 마찬가지다.

그렇기 때문에 개업일 기준으로 석 달 정도는 버틸 수 있는 여윳돈을 가지고, 첫 달의 매출과 여윳돈으로 두 번째 달을 버티고, 두 번째 달의 매출과 여윳돈으로 세 번째 달을 버텨내야 한다. 다행히 네 번째 달부터 장사가 정상 궤도에 오르면 그때부터는 손익분기점을 향해 나아가는 식이 되어야 한다.

창업을 했다면 지금 당장의 이익보다는 6개월 후, 1년 이후의 수익을 바라볼 수 있는 눈이 있어야 한다. 버틸 수 있는 힘(여윳돈)이 있다면 초심을 계속 유지할 가능성이 크고, 그 첫 마음으로 지속해서 장사를 하면 고객은 반드시 그 가게를 찾기 마련이다.

한 곳에서 수익을 내면서 3년 이상 장사를 한다는 것은 이미 그 가게는 맛집으로 고객들에게 인정받고 있다는 말이다. 인건비나 마케팅 비용, 원재룟값을 줄이는 등 현실과 타협하지 않고 시작의 어려움을 견뎌낼 수 있는 여유 자금이 내 창업을 성공하게 해줄 길임을 반드시 기억하자.

프랜차이즈 선택,
숫자는 거짓말을 하지 않는다

프랜차이즈 가맹점 개설을 확대해야 하는 가맹본부 입장에서는 이윤 극대화를 목적으로 예비 가맹점주에게 가맹사업에 대한 매력적인 정보를 전달하고자 한다. 반대로 예비 가맹점주는 창업을 위한 준비 과정으로 프랜차이즈 정보를 수집하는데, 그 정보가 정확한 정보인지, 아니면 잘못된 정보인지 판단해야 한다. 하지만 예비 창업자가 가맹사업에 대한 정확한 정보를 파악하기란 쉽지만은 않은 일이다.

예비 창업자들은 다양한 경로를 통해 프랜차이즈에 대한 정보를 수집한다. 주로 프랜차이즈 가맹본부가 운영하는 직영점이나 이미 개설된 가맹점을 살펴보거나, 가맹본부가 주최하는 사업설명회에 참여하고 가맹 상담 직원의 설명을 듣는다. 또 가맹안내서나 인터넷 기사, 소셜미디어, 신문 등을 통해서도 정보를 수집할 수 있다.

　그런데 예비 사장님들은 프랜차이즈 가맹본부가 전달하는 정보나 인터넷, 소셜미디어 등을 통해 개인적으로 알아보는 각종 정보를 100% 신뢰해서는 안 된다. 이러한 정보들은 정보 전달의 주체가 가맹본부이기 때문에 프랜차이즈에 대한 단점보다는 장점이 크게 부각되어 전달될 수밖에 없다. 그리고 TV, 인터넷, 잡지, 라디오 등으로 유통되는 정보는 사업 성공에 대한 확실성이나 공신력을 강조한 광고의 형태로 접하게 되기에 예비 사장님들은 광고로 소개된 프랜차이즈 가맹사업이 우수한 창업 정보라고 오인할 수도 있다.

　이처럼 예비 창업자들은 정확한 정보를 파악하는 것이 거의 불가능에 가깝기 때문에 가맹본부가 소개하는, 잘 되는 가맹점만의 외관만을 보고 환상에 빠지기 쉽다. 그래서 프랜차이즈 창업을 하고자 하는 예비 사장님들은 더더욱 해당 프랜차이즈에 대한 올

바른 정보를 얻기 위해 심혈을 기울여야 한다.

[사진1] 공정거래위원회 가맹사업거래: 정보공개서를 열람할 수 있다.

예비 사장님들은 프랜차이즈 창업을 하게 되면 가맹본부가 공정거래위원회에 등록한 정보공개서(인근 가맹점 현황문서 포함)라는 것을 보게 되는데, 정보공개서는 가맹금을 지급하는 날의 14일 전 또는 가맹계약서 체결하는 날의 14일 전에 가맹본부가 예비 사장

님들에게 의무적으로 제공하게 되어 있다.

정보공개서에는 창업자에게 필요한 거의 모든 정보가 기록되어 있는데, 다만 이 서류는 전년도 기준으로 작성된 것이기에 현재 가맹사업이 어떻게 돌아가는지 파악할 수 없다. 물론 가맹본부가 소개하는 가맹점에 방문해 현재의 흐름을 볼 수는 있지만, 앞서 말했듯이 가맹본부는 장사가 잘되는 사업장을 보여줄 가능성이 크기에 무조건 신뢰할 수만은 없다.

그래서 예비 창업자들은 정보공개서와 더불어 가맹본부가 제공하는 가맹안내서를 꼼꼼히 읽어볼 필요가 있다. 가맹안내서에는 점포투자에 관한 사항을 총액 및 평당 투자금액으로 표시되어 있는데, 시설비 세부 명세, 상품공급 및 거래조건 세부 명세, 지원 사항 세부 명세, 설비 및 기기 소요 세부 명세에 따른 규격 및 가격이 정확히 표기되어 있어야 한다. 프랜차이즈 가맹본부는 가맹계약 후 가맹안내서 표기 내용 외에 추가로 비용을 요구할 수 없기에 예비 사장님들은 해당 프랜차이즈 창업에 세부적으로 얼마의 비용이 소요되는지 가맹안내서를 통해 면밀하게 파악할 필요가 있다.

여기서도 예비 사장님들이 유의할 점이 있다. 대다수 프랜차이즈 가맹본부는 가맹안내서에서 마진율에 대해 눈속임을 하곤 하는데, 가맹안내서를 통해서 이 기업이 진실한지 아닌지 단번에 파악할 수 있는 꿀팁이 있다.

대개 프랜차이즈 가맹본부는 마진율을 본점이나 제일 잘 되는 매장을 기준으로 잡기는 하는데, 이 비율을 퍼센트로 적어놓는 업체들이 있다. 나는 창업 컨설팅을 할 때, 내담자들에게 그런 기업은 거르라고 조언한다. 왜냐하면 가령 임대료 같은 경우 전체 매출에서 몇 퍼센트 이하면 적당하다고는 할 수 있지만, 실제 표기를 전체 매출의 퍼센트로 해놓는 것은 눈속임하는 것이다. 적어도 괄호라도 해서 임대료 300만 원, 500만 원 식으로 정확하게 숫자로 표기되어야 프랜차이즈 가맹본부에서 제시하는 마진율에 대한 신빙성도 높아진다. 인건비도 마찬가지다.

다만 원재료비나 기타 비용 등 매출에 따라 변하는 항목은 퍼센트로 해놓을 수 있지만, 고정적으로 지출되는 인건비, 임대료 등의 품목들은 구체적인 수치가 제시되어 있는 안내서가 더 정확한 정보라고 할 수 있다. 고정 지출은 모든 사업자에게 눌려 있는 금액이고, 이 눌려 있는 금액을 벗어날 수 있을 때부터 마진율이 급격히 커지기 때문에 이 같은 부분을 세부적으로 표기한 프랜차이즈 가맹본부를 선택하는 것이 바람직하다.

　　프랜차이즈 창업을 하고자 하는 예비 사장님들은 '숫자는 거짓말을 하지 않는다'라는 말을 깊이 새길 필요가 있다. 단순히 가맹본부가 소개하는 가맹점의 화려한 외관만 보고, 혹은 공신력 있는 신문사에 소개된 광고에 현혹돼 프랜차이즈 창업을 하게 되면 가맹계약 이후 반드시 후회하게 된다.

　　프랜차이즈 창업은 나홀로 창업보다는 창업 프로세스가 훨씬 수월할 수는 있지만, 한번 프랜차이즈를 시작하면 돌이키기가 쉽지 않다. 개업을 했다면 폐업 말고는 답이 없을 수도 있다는 의미다. 그렇기에 프랜차이즈를 선택하기 전에 가맹본부에서 제공하는 모든 서류를 꼼꼼히 읽고, 이해할 수 없는 부분은 반드시 가맹본부에 질문을 던져야 한다. 그리고 숫자가 아닌 퍼센트로 눈속임하는 것은 없는지 면밀하게 파악하고 의문이 생기면 구체적인 수치나 추가적인 정보를 요구해야 한다.

　　프랜차이즈 가맹본부에 마진율에 대한 구체적인 수치를 포함한 사업 전반의 정확한 정보를 요구할 수 있다는 것이 예비 사장님들의 중요한 권리 중 하나라는 것을 꼭 기억하자.

장사를 잘하는
관상이 있다?!

　창업 컨설팅을 하다 보면 정말 많은 사람을 만나게 된다. 그들
에게 창업하려는 이유를 물어보면 누구나 다 사연 한두 개쯤은
가지고 있는 듯하다. 다양한 사람과 대화하다 보니, 언제부턴가
상대방의 눈빛이나 행동, 말 몇 마디로도 그 사람이 장사를 잘할
것 같은지, 아니면 어려움을 겪을 것인지 예상할 수 있게 된다.
몇몇 경우를 제외하고는 처음 예비 사장님을 봤을 때 내가 느꼈
던 인상대로 장사를 잘하거나 실패하거나 했다.

과거에 내가 가맹본부를 운영했을 때, 가맹점을 운영할 예비 사장님들이 모두 장사를 잘하길 바라는 것은 당연한 일이었다. 가맹점을 내어주면 그 사장님들이 잘 먹고 잘살아야 우리도 유통 마진이 남아 먹고살기 때문에 표준화된 모델 정도는 아니더라도 어느 정도 장사를 잘하는 노하우나 스킬을 전수하곤 했다.

하지만 사람의 성향에 따라 받아들이는 정도는 천차만별이었 다. 크게 두 유형으로 분류할 수 있는데, 첫 번째는 나와 상담할 때 전달력과 표현력이 좋고 어느 정도 마인드가 열려 있는 타입 이다. 이런 유형의 예비 사장님들을 보면 '아 이 사람은 장사해도 괜찮겠구나' 하고 안심한다.

그런데 이런 사장님 중에서도 표현력은 좋은데 그게 너무 앞서 서 인내심이 부족하거나 말만 잘하고 손끝이 무뎌서 일 처리 자 체가 더뎌지는 스타일도 많다. 걱정은 되지만 그래도 가능성은 있다. 가맹사업 컨설팅을 할 때 여러 노하우가 전수되기 때문에 최대한 우리를 잘 따르라고 하면서 조금 더 신경을 쓰면 이내 잘 따라와 준다.

두 번째 유형은 첫 번째와 정반대 성향의 예비 사장님들이다. 표현력과 전달력이 좋지 않고 조금은 부정적인 기운이 감도는 사 람들이 창업하고자 한다면서 나를 찾아오면 걱정이 앞설 수밖에 없다. 창업 컨설팅을 받으러 온 사람에게 "당신은 창업하면 안 됩니다"라고 직접적으로 말할 수도 없는 노릇이니 상담을 해주는 나도 답답하다.

전반적인 창업의 프로세스를 이야기하고 이에 덧붙여 사장의 마인드나 성공하는 사장들의 특성을 설명한다. 그러면서 그 사람의 변화를 유도하거나, 그럴 가능성이 없다면 창업 말고 다른 선택지도 많다는 식으로 내 의사를 간접적으로 전달한다.

나는 장사는 닫혀 있는 마인드나 부정적인 사고방식을 가지고 있다면 애당초 시작하면 안 된다고 생각한다. 막연하고 근본 없는 자신감이 아니라, 잘할 수 있고 잘할 거라는 긍정적인 사고와 조언을 해주는 사람의 말을 잘 받아들이는 열려 있는 마음이 있어도 성공하기 힘든 게 창업의 세계인데, 닫혀 있는 마음으로는 장사에 있어서 한 걸음조차 내딛기가 힘들다.

또 장사를 잘하는 사람들의 특성으로는 '간절함'과 '성실함'이 있다. 상담을 할 때, 정말 장사를 잘해서 성공하고 싶다는 간절함이 강한 예비 사장님들은 내 말을 듣는 자세부터가 다르다. 성공 사례든 실패 사례든 모든 것을 다 담아 자신의 것으로 만들려고 하고, 이를 구체적인 액션으로 이어지게 한다.

　그리고 진짜 간절한 사람들은 대개 다 성실하다. 컨설팅을 해주면 내가 하는 영역이 있고 예비 사장님들이 해야 할 영역이 있는데, 그들에게 어떤 과업이 주어지면 매우 빠른 시간에 주어진 일이 해낸다. 특히 창업을 준비하는 과정과 개업 초기에는 사장이 챙겨야 할 것들이 정말 많은데, 간절하고 성실한 사장님들은 군소리 한번 없이 해야 할 목록을 다 챙기면서 묵묵히 일을 해나간다.

　가게만 멋들어지게 차려 놓으면 알아서 잘 되겠지 하는 안일한 마음으로는 절대 성공할 수 없다. 반대로 간절하다고 무조건 성공하는 것도 아니다. 하지만 간절한 사람과 안일한 사람은 장사가 위기에 봉착했을 때 대응하는 방식과 마음가짐이 크게 다르다. 안일한 사람은 쉽게 포기하거나 구체적인 원인 분석을 못 해 폐업의 길로 접어들 것이 뻔한 반면, 간절한 사람은 현재의 문제점을 분석해 위기를 기회로 잡을 가능성이 크다. 그만큼 성공할 확률이 커진다는 말이다.

　장사를 잘하고 싶다면, 또 성공하고 싶다면!

긍정적이고 열려 있는 마인드, 간절함, 그리고 그 간절함을 실행하는 성실함을 갖춰야 한다.

직원을 리드하는 사장
vs 혼자만 바쁜 사장

나는 창업 초기에 직원을 고용해서 장사하는 것이 더 효율적이라고 믿는다. 이 이야기는 뒤에서 자세히 할 것이니, 여기서는 직원과 사장의 관계, 사장의 마인드에 대해 이야기해보겠다.

사장(社長)은 말 그대로 일하는 곳의 가장 높은 곳에 있는 사람이다. 가장 높은 곳에 있는 사람은 가장 아래에 있는 곳까지 바라다볼 수 있어야 하고, 아래부터 위까지 어떻게 사업체가 굴러가는지 모든 시스템을 파악하고 있어야 한다. 나는 그게 사장의 롤(role)이라고 본다.

특히 외식업을 운영하는 사장이라면 적어도 주방과 홀에서 직원들보다 혹은 직원들과 비슷한 수준의 업무 능력이 있어야 한다. 그래야 직원을 비롯한 모든 상황을 제대로 컨트롤 할 수 있기 때문이다. 우선 자신감의 근원인 레시피는 사장이 장악하고 있어야 하는데, 주방에서 담당 직원이 요리를 하더라도 음식에 어떤 문제가 생겼거나 평소와는 다른 고객의 반응이 온다면 사장이 직접 문제의 원인을 파악해 사태를 해결할 수 있어야 한다. 즉 모든 영역에서 사장은 직접 하지는 않더라도 직원을 리드할 수 있는 업무 능력을 갖추고 있어야 한다는 말이다.

또 사장은 영업 중에 우두커니 서 있더라도 직원들이 지금 어디서 무엇을 하고 있는지 파악하는 시야를 가지고 있어야 한다. 나는 이것이 대박집과 쪽박집의 가장 큰 차이라고 생각한다.

매출이 크고 마진이 많이 남으면 대박집이라고 할 수 있겠지만, 어떤 가게를 가보면 영업 중에 사장만 발을 동동 구르면서 왔다 갔다 분주하고 직원들은 사장이 없는 공간에서 쉴 자리를 찾는 모습을 종종 볼 수 있다. 이건 전형적인 쪽박을 차는 가게의 모습이다. 이런 가게도 우연히 당장은 장사가 잘될 수는 있겠지만, 직원을 리드하지 못하고 사장만 바쁜 가게는 결코 오래갈 수 없다.

직원들이 제대로 일할 수 있는 환경을 만들어주는 것이 사장의 역할이기에 직원들이 자신의 롤에 따라 분주히 일하는 곳은 대박 집으로 거듭나고, 그렇지 않으면 쪽박 차는 쪽으로 가게 된다.

나는 창업 컨설팅을 하면서 말로 먹고 살았지만, 직접 가게를 차리고 일을 하다 보니 육체노동의 숭고함, 땀의 가치를 크게 느꼈다. 특히 가게를 처음 오픈하고 쉴 틈 없이 바빴던 때를 떠올려 보면 세상에 쉬운 일은 하나도 없지만, 내가 땀을 흘려 번 돈이 얼마나 가치가 있는지 새삼 깨닫게 되는 계기가 되었다.

이 숭고한 가치는 나에게 큰 감명을 주는 동시에 돈을 많이 벌 수 있는 힘이 되었고, 지금도 직원들을 교육할 때 나의 경험을 이야기해주곤 한다. 직업의 귀천은 없고 합법적인 일이라면 땀을 흘리는 것만큼 보람찬 게 없다는 너무나 당연한 이치를 말이다.

지금도 만약 우리 가게에 직원 한 명이 갑작스럽게 빠지게 되면 새로운 직원을 구할 때까지 내가 직접 그 역할을 자연스럽게 수행할 수 있다. 초심을 잃지 않았고 사장의 롤이 무엇인지 알고 있기에 직원의 빈자리를 메울 수 있는 것이다.

사장다움은 직원 위에 군림하는 것이 아니다. 자신이 직접 하지는 않더라도 모든 업무 영역을 장악하고 있어야 하고, 땀의 가치를 아는 만큼 직원을 대우하는 마음가짐이 필요하다. 이 초심을 잃는 순간, 대박집도 쪽박집으로 향하는 운명의 길로 들어서게 된다.

혹여 직원이 실수하더라도 인내와 관용할 수 있는 마음 씀씀이가 있어야 하고, 감정 상하지 않게 지적을 하면서 잘못된 문제는 고쳐줄 수도 있어야 한다. 특히 잘못된 점을 말할 때는 무엇이 어떻게 잘못되었고 왜 그렇게 해야 하는지 명확하게 설명할 수 있어야 하고, 어떤 일이든 효율적인 사고방식으로 접근하는 것이 좋다. 즉 사장은 직원들에게 '나를 따르면 먹고 살 수 있을 것이다'라는 생각을 할 수 있게끔 하는, 그런 사명감을 가져야 한다는 말이다.

간혹 어떤 사장님들은 매출이 크게 늘고 장사가 잘되니, 내가 신경 쓰지 않는 게 도와주는 것이라며 모든 것을 다 맡기고 손을 놓아버리는 경우도 있다. 물론 장사의 규모가 커지면 나의 아바타인 매니저에게 일을 맡기는 게 더 효율적일 수는 있다. 그렇다고 모든 것에서 손을 놓아버리는 것은 안 될 일이다.

사장은 앞서 말했듯이 장사가 잘되든 주춤하든 모든 영역을 장악하고 있어야 하고, 어떤 문제가 생겼을 때 즉각 해결할 수 있는 능력이 되어야 한다. 장사에 손을 놓게 되면 상황 파악이 더딜 수밖에 없고, 제때 일을 처리할 수 없게 된다. 이러한 상황이 지속되면 잘되는 가게도 한순간에 쪽박집으로 역전될 수도 있다. 또 사장이 변하면 직원들도 그 영향을 받지 않겠는가?

사람은 누구나 어떤 일을 하던 초심을 잃을 수 있다. 장사를 하는 사람들은 장사가 잘될수록 초심을 잃을 가능성이 커진다. 지금 당장 돈을 조금 잘 번다고 초심을 잃으면 그간 힘들게 쌓았던 모든 공든 탑이 일순간에 무너질 수도 있는 게 인생사다.

사장이면 사장답게 일을 하고 직원이면 직원답게 일을 하는 게 순리다. 직원이 사장일 수는 없다. 하지만 사장은 사장의 마인드와 직원의 마인드를 모두 갖추는, 그 가게에서의 슈퍼맨이 되어야 한다.

초보 창업자가
빠질 수 있는 함정

초보 창업자가 빠질 수 있는 함정은 여러 가지가 있다. 그 중 대표적인 것들을 소개하자면, 우선 대부분의 예비 사장님들이 창업하면 잘될 것이라는 막연한 확신을 가진다는 것이다. 확신과 신념이라는 단어는 일상에서 긍정적으로 쓰이는 말이다. 그렇다. 어떤 일이건 확신이나 신념 없이 시도하지는 않는다. 장사도 마찬가지다. 성공할 것이라는, 혹은 성공하겠다는 확신이나 다짐 없이 장사를 시작하는 사람은 없다.

하지만 우리가 소위 말하는 근본 없는 자신감(근자감)이나 막연한 확신은 성공의 길에서 더욱 멀어지게만 할 뿐이다. 아무런 준비 없이, 어떤 자신감의 근원 없이 목이 좋은 곳에 그럴듯하게 가게를 차리면 잘될 거라는 막연한 확신은 꽤 많은 예비 사장님들이 품고 있는 그릇된 마음가짐 중 하나다.

초보 창업자들은 자기 레시피에 대한 확고한 믿음이 있어야 한다. 그 믿음이 있으면 막연한 확신의 늪에서 벗어날 수 있다. 예를 들어 프라이드치킨을 팔더라도 튀김옷의 종류, 튀기는 시간, 주메뉴에 따라 나오는 소스 등 각가지 디테일에 따라 맛도 달라지고 테이블에 메뉴가 놓였을 때의 모양도 달라진다.

본격적인 창업 이전에 이러한 디테일에 신경을 쓰면서 주 타깃의 입맛을 사로잡을 수 있다는 것이 증명되었다면, 즉 자신의 레시피에 대한 확고한 믿음이 생겼다면 어느 정도 확신을 가져도 된다. 여기에 객관적 지표가 반영된 주변 상권 및 경쟁업체 분석, 벤치마킹 등을 병행하면 내가 품었던 확신을 현실화할 가능성이 커진다.

다음으로 예비 창업자들이 흔히들 간과하는 것은 자신이 생각했던 것보다 훨씬 많은 창업 자금이 소요된다는 점이다. 소규모 창업을 하더라도 투자비가 1~2억 원이 들기 마련이고, 일반적으로 일반인이 이렇게 큰돈을 모두 현금으로 가지고 있는 경우는 드물다. 창업 자금의 상당 부분을 금융권 대출로 해결한다고 해도, 장사가 마음먹은 대로 되지 않으면 그 빚은 정말 상상도 못할 큰 고통이 될 수 있다.

또 이 책에서 계속 강조했듯이 창업 자금 외에도 3~6개월 버틸 수 있는 여윳돈이 있어야 안정적으로 가게를 운영할 수 있기에 아무리 작은 가게를 오픈한다고 하더라도 쉽게 보고 들어가서는 안 된다. 자금과 관련해 창업하는 데 조금이라도 망설임이 있는 사람에게는 돈이 있다면 차라리 금융투자를 하고, 회사에서 월급을 받으며 생활하는 게 더 현명한 선택이라고 말하고 싶다.

막상 개업했더라도, 초기에는 직장생활을 하던 때보다 더 열심히 노력해도 월급받던 시절보다 벌어들이는 수익이 적은 경우가 대부분이다. 월 매출에서 대출이자, 임대료, 인건비, 관리비 등 고정적으로 나가야 할 돈뿐만 아니라, 원재룟값과 마케팅 비용 등 빼고 나면, 수익은커녕 추가로 들어가는 돈이 더 많은 경우가 허다하다. 몸과 마음은 고생대로 하고, 가게 오픈부터 마감까지 쉴 틈 없이 열심히 일했지만, 수중에 떨어지는 돈이 없으면 현타가 올 수밖에 없다. 창업 초기 최악의 상황을 고려했을 때 버틸

수 있는 여윳돈과 마음가짐이 없다면 창업의 세계로 발을 들여서
는 안 된다.

개업하고 소위 '오픈빨'이라는 것이 지나면 대개 많은 초보 사
장님이 '처음에는 장사가 잘되었는데 지금은 왜 안 되지?' 하면서
나름대로 문제 원인을 찾으려고 한다. 이때 가장 많이 하는 실수
가 초기에 정했던 기준과 원칙을 쉽게 깨트려 버린다는 것이다.
특히 '많이 퍼주면 많이 오겠지' 하는 아주 단순한 착각이다.

이건 정말 잘못된 생각이다. 메뉴의 가격이 3만 원이면 3만 원
에 해당하는 정량이 분명히 있을 텐데, 이 기준을 쉽게 깨어버리
고 아무 기준도 없이 4만 원, 5만 원에 해당하는 양이 테이블로
나가버린다. 물론 처음에는 손님들의 반응이 긍정적일 수는 있
다. 하지만, 이 상황이 지속되면 어떻게 되겠는가? 매입 비중에
서 원재료비가 절반도 넘는, 배보다 배꼽이 더 큰 상황이 초래된
다. 이를 뒤늦게 깨닫고 다시 정량으로 메뉴가 나간다면 '예전보
다 양이 엄청나게 줄었다'라는 불만 리뷰를 남기는 고객이 분명
생기기 마련이다.

또 막 퍼주는 방식 말고도 장사가 안 되는 원인을 레시피에서
만 찾는 경우도 있다. 새로운 레시피가 없어서, 혹은 레시피가 다

양하지 않아서 장사가 안 된다고 생각하는 초보 사장님들이 꽤 많다. 이런 사장님들은 온종일 메뉴 개발에만 집착하는 경향이 있다. 이미 가게는 오픈했는데, 여러 시도를 해본다고 주 레시피도 바꾸고 자꾸만 새로운 메뉴를 추가하는 식이다.

이런 사장님은 애당초 자신의 레시피에 대한 확신 없이 창업한 경우가 많은데, 기준과 원칙 없이 계속해서 레시피가 달라지면 고객들은 줏대 없는 이 가게를 외면하게 된다. 오픈 전에 자신감의 근원인 레시피를 확고히 해야 하고, 그래도 만약 장사가 생각대로 안 된다면 또 다른 벤치마킹이나 상권분석 등 좀 더 본질적인 문제에 접근해야 한다.

그리고 원자재 가격에 대해 과민한 반응을 보이는 것도 초보자가 빠질 수 있는 함정이다. 이건 장사 경험이 많지 않은 사장님들일수록 원자재 가격 인상 때문에 장사가 되지 않을 것이라고 걱정을 하는데, 현실은 꼭 그렇지만도 않다. 장사를 하다 보면 자신의 업종과 관련한 다양한 이슈를 맞이하게 된다. 구제역이나 돼지열병, 조류독감 등 이런 이슈들은 원인만 해결되면 장사에 지속적인 영향을 미치지 않는다. 그래서 어느 정도 장사에 대한 감이 생기면 사장님들은 특정 이슈에 크게 동요하지 않는다.

반면 수급 불안정에 따른 원자재 가격 상승은 민감하게 받아들이는 사장님들이 많다. 그런데 사실 이 같은 원인으로 원자재 가격이 오른다는 말은 그만큼 수요가 많다는 것을 의미하고, 수요에 따른 공급이 뒷받침되지 않는다는 것이기에 이럴 때일수록 오히려 장사가 더 잘 될 수 있는 기회라고 생각을 하는 게 옳은 판단이다. 그런데 대부분의 사장님들은 지레 겁을 먹고 '우리 가게 마진이 더 줄어들겠구나'라고 생각을 한다. 마진은 좀 줄더라도 매출을 더 낼 수 있는 기회가 생겼으면 매출을 바싹 올릴 결정과 전략을 펼쳐야지 원자재 가격 상승으로 빠져나갈 돈이 많아서 장사가 되지 않을 거라고 생각하는 것은 주어진 기회를 그냥 날려버리는 것이나 마찬가지다.

장사하면서 생기는 문제들은 모든 것을 단 한 번에 해결할 수는 없다. 이것저것 시도한다고 될 일도 아니다. 하나의 문제를 끝까지 파고들면 해결책을 얻을 수 있다. 그리고 문제의 원인도 본질에 집중해야 한다. 단순히 막 퍼준다고, 새로운 레시피만 개발한다고 문제가 해결되지는 않는다. 진짜 문제의 원인이 무엇인지 하는 본질을 놓치지 않길 바란다.

사람이 흘러가는 곳이 아닌, 모이는 곳을 찾아라

창업 자금이 준비되고 어떤 콘셉트로 오픈할지 결정했다면 위치 선정을 해야 한다. 외식업에서 상권이라는 것은 내가 운영하는 가게를 찾아 식사할 의향이 있는 고객들이 분포하는 지리적 범위라고 할 수 있다. 즉 내 가게를 어디에다 오픈할 것인가 정하는 것이 입지 선정이다.

입지 선정에서 고려해야 할 점은 우선 어떤 장사를 하든 골목길이 아니라 외부에 노출되어 있으면 좋다는 것이다. 노포 맛집이라면 눈에 띄지 않는 골목에 있어도 사람들이 찾아가겠지만, 그런 경우가 아니라면 무조건 도로와 인도에 노출된 곳이 좋다.

흔히 초보 사장님들이 임대료를 아끼기 위해 안쪽으로 들어가는 경향이 있는데, 한눈에 보이지 않는 가게를 사람들이 애써 찾아가기도 만무하고, 배달 영업을 고려한다면 안쪽보다는 바깥쪽을 선택하는 것이 현명하다. 당장 지출되는 비용을 조금 아끼려다 영영 가게 문을 닫게 될 수도 있다. 고객들은 보이지 않는 간판을 단 가게는 들어가지 않는다는 점을 알아야 한다.

외부로 노출된 가게의 이점을 알았다면 이제는 본격적으로 입지를 물색해야 한다. 기본적으로 가게가 자리할 곳의 유동 인구를 따져봐야 하는데, 일단 사람이 많이 지나다녀야 내 가게로 들어오는 고객의 수도 많다. 요즘은 네이버나 구글 등 포털에서 유동 인구는 쉽게 파악할 수 있다. 가령 내가 찾은 곳에 아파트나 빌라 등 몇 세대가 살고 있는지, 상업 인구는 얼마나 되는지 쉽게 알 수 있고, 특히 나무위키 같은 곳에서 찾아보면 해당 지역구에 어느 정도의 거주민이 있고 어떤 지역적 특성이 있는지 상세하게 기록되어 있다.

그런데 유동 인구 파악은 인터넷에서 정보를 찾는 데서 그치는 것이 아니라, 눈으로 직접 확인하는 것이 좋다. 평일과 주말의 차이가 극심한 지역은 영업상의 어려움이 올 수 있기 때문에 그런 편차도 고려해야 하고, 또 직접 눈으로 보는 것과 인터넷상의 정보가 다를 수도 있기에 반드시 유동 인구는 직접 체크해봐야 한다.

그리고 내가 들어가고자 하는 지역의 상권 변화도 염두에 둬야 한다. 현재 해당 지역의 인구가 유입되고 있는지, 아니면 빠져나가고 있는지 확인해야 하고 특히 도로나 전철역의 변화, 대기업 본사나 대형 쇼핑센터 건설 등의 이슈가 있다면 지역 상권을 완전히 변화시킬 수 있기에 넓은 시야를 가지고 지역 탐방을 해야 한다.

그런데 단순히 유동 인구가 많다고 해서 무조건 좋은 입지 조건을 가졌다고 착각해서는 안 된다. 특히 8차선, 12차선 등 매우 넓은 대로변의 경우가 그렇다. 그런 지역은 유동 인구는 많지만, 외식업을 하기에는 부적절하다. 그곳은 사람이 흘러가는 곳이지 모이는 곳이 아니기 때문이다. 즉 유동 인구가 많더라도 사람들이 그냥 지나치는 곳이 아니라, 그 지역에서 지인들과 약속을 잡고 물건을 구매하고 상점을 구경하는 등 사람들이 모일 수 있는 곳이 좋은 입지라는 말이다.

역세권도 좋고 버스 정류장 인근도 좋고, 횡단보도 근처도 나쁘지 않다. 그런데 버스가 지나다니는 곳에는 조경수가 많아 간판이 가려질 수가 종종 있으니, 이런 점을 고려해 버스가 다니더라도 간판이 잘 보일 수 있는 자리를 찾아보는 것도 좋은 방법이다.

또 높은 임대료를 감당할 수 있다면 가로수길, 경리단길처럼 OO 거리에 입점하는 것도 나쁘지 않다. 대개 창업자들은 그런 곳에는 유사한 업종들이 많아 경쟁이 치열할 것 같아 두려워하기 마련인데, 오히려 그런 곳이 경쟁이 더 수월할 수 있다.

현실적으로 자영업에 상생이라는 것은 없다. 자영업자들은 어쩔 수 없이 같은 상권에 들어선 유사한 업체들과 주어진 파이를 나눠 먹는 싸움을 벌여야 하고, 그 싸움에서 이기든 지든 두 가지 길밖에 없다. 내가 어떤 지역에 가게를 오픈해서 주변 업체와 상생하려는 생각이 아니라, 유사한 업종의 파이를 1/3이든 1/2이든 잡아먹겠다는 마음가짐으로 들어가야 한다.

그런 마음을 가지고 가게를 운영하다 보면 운이 트여서 재수가 좋으면 그 파이를 전부 가질 수 있는 것이고, 그게 아니더라도 벤치마킹을 잘해서 일정 부분 파이를 가져왔다면 꾸준히 유지하고 확장해나가면 되는 것이다.

창업 과정에 중요하지 않은 프로세스는 없지만, 입지 선정은
개업 초기 단기적인 성과를 좌우할 수 있기 때문에 신중하게 판
단해 들어가야 한다. 무조건 이 지역이 좋다, 저 지역은 나쁘다고
하는 상권은 없다. 유동 인구가 많은 상권은 그만큼 임대료가 높
고, 유동 인구가 상대적으로 적은 지역은 임대료가 낮다. 유동 인
구가 많든 적든 자신이 어떤 위치를 정하느냐에 따라 결과는 달
라질 수 있으니, 미세한 차이라도 무시하지 말고 세밀하게 상권
분석을 하고 입지를 결정하자.

입지 선정,
오토바이 수리소를 봐야 한다고?

입지 선정을 할 때 조금은 다른 관점에서 내 가게 자리를 찾아 볼 수도 있다. 일반적으로 입지 선정에 있어 유동 인구를 가장 중 요한 요소로 따지는데, 물론 이것은 틀린 말이 아니다. 다만 앞에 서도 설명했듯이 유동 인구가 많은 곳이더라도 사람이 흘러가는 곳이 아니라, 사람이 모일 수 있는 곳을 찾으라고 강조했다.

유동 인구라는 요소 외에도 배달 영업을 염두에 두고 있다면 입지 할 곳에 오토바이 수리 센터가 인근에 있는지도 확인할 필요가 있다. 요즘에는 많은 가게가 홀 영업과 배달 영업을 병행하고 있다. 코로나 이후 소비자들의 라이프스타일 변화로 가게 매출에서 배달의 비중이 크게 늘었기 때문이다. 예전에는 배달 영업을 하지 않을 것으로 생각했던 빕스나 아웃백 같은 패밀리레스토랑도 배달 영업을 하는 것을 보면, 이제는 배달 영업이 선택이 아니라 필수적인 시대가 되었다는 것을 알 수 있다.

배달 영업이 활성화되고 있다는 것은 각종 배달 앱을 통해서도 알 수 있지만, 직관적으로 확인할 방법은 내 가게가 입점할 곳 인근에 오토바이 수리소가 있는지다. 오토바이 수리 센터가 있다면 그 지역은 배달 영업이 매우 활발하다고 여기면 된다.

오토바이 수리 센터 입장에서 생각해 보자. 그 센터도 개업 전에 입지 선정을 위해 지역 조사를 했을 테고, 분명히 그 지역에 오토바이의 판매나 유통이 많기에 수리소가 입점했을 것이다. 대부분의 배달 영업은 오토바이로 이뤄지기 때문에 오토바이 수리 센터가 있다는 의미는 그 지역의 배달 영업이 매우 활성화되어 있다고 판단할 수 있다.

이것은 배달 영업이 큰 비중을 차지하는 업종에 있어서는 매우 유용한 팁이다. 오토바이 수리소 입점을 확인했다면 이제 본격적으로 내 가게의 자리를 잡아야 하는데, 사람들의 왕래가 많은 마을버스나 시내버스가 다니는 노출된 자리를 먼저 보고, 그리고 웬만하면 코너 자리를 선택하는 것이 좋다.

배달 영업이 많은데 도로변 상점들이 늘어선 곳 중간 지점에 가게가 위치하면 배달 오토바이가 와서 정차하기가 쉽지 않다. 주행하는 차들과 보행자들이 많으면 더 곤란할 수 있다. 코너 자리는 그나마 배달 오토바이 정차가 용이하기 때문에 기왕 유동 인구가 많은 곳에 배달 영업을 병행할 거라면, 코너 자리를 찾아보는 것을 추천한다.

배달 영업은 거스를 수 없는 외식업의 대세다. 인근에 오토바이 수리소가 있으며 유동 인구가 많고 간판이 잘 보이는 자리, 그리고 배달 기사들의 픽업이 편한 자리. 이 정도면 어느 곳에 내 가게가 위치해야 할지 떠오르지 않는가?

광고비 지출,
발상의 전환이 필요하다

많은 사장님이 개업 초기에 광고비를 얼마나 지불하는 게 좋을지 고민하곤 한다. 광고비 쓰는 걸 너무 아까워하는 사장님도 있는 반면, 필요 이상으로 광고비를 너무 많이 지출하는 사장님도 있다. 누구에게나 적용되는 광고비 지출에 대한 객관적인 기준은 없지만, 나는 적어도 개업 초기라면 광고비를 최대한으로 책정해 홍보하는 게 효율적이라 생각한다.

가게를 운영할 때 가장 중요한 건 우리 가게와 음식을 고객들에게 알리는 일이다. 우리 가게가 어디에서 어떤 음식을 파는지 고객들이 알아야만 시켜 먹을 수 있다. 누구나 다 아는 유명 프랜차이즈가 아닌 이상, 창업했다면 광고는 선택이 아니라 필수 사항이다. 몇 달간 정말 열심히 일했는데 주문이 들어오지 않는다고 광고를 다 빼는 것은 매우 어리석은 일이다. 광고비 지출을 아까워하는 사장님은 애당초 장사를 하지 말아야 한다.

나홀로 창업과 프랜차이즈 창업은 마케팅 측면에서 조금 다른 점이 있는데, 일단 프랜차이즈 브랜드는 본부에서 일괄적으로 마케팅 행사를 진행한다. 매장마다 점포 특성이나 지역별 특성이 제각각이지만, 대부분의 점포는 웬만하면 본부에서 진행하는 행사에 참여하게 된다. 프랜차이즈 점포 사장님이라면 본부 행사를 전부 무시할 수는 없으니, 자신의 가게에 필요하다고 생각되는 이벤트는 참여하고(본부에서 주관하는 행사는 일정 부분 본부 차원에서 지원해 준다), 그 외 적극적인 홍보는 매장의 특성에 맞게 따로 진행하는 것도 하나의 방법이다.

대개 광고비는 배달 플랫폼에 지출하는 비중이 높은데 소위 깃발이라고 불리는 플랫폼 자체적으로 광고비를 집행하는 구간이 있다. 또 우리 가게를 클릭하는 것, 또는 정률/정량 할인 판매,

쿠폰 제도, 타임 세일 등의 광고가 있는데, 이 광고로 노출된 제품에 대해서는 플랫폼에서 수수료를 가져가는 구조다.

그렇다면 광고비는 구체적으로 어떻게 책정해야 할까? 가게를 오픈하게 되면 운이 좋아 처음부터 잘 되는 가게들도 있지만, 일반적으로 두세 달 안에 목표 매출의 70~80% 달성 여부에 따라 장사 성공의 판가름이 난다. 광고비에 따라 한동안 매출 실적 그래프가 우상향하게 되는데, 어느 순간 매출이 정점에 도달하게 되고 그때부터는 그 정점을 지키는 싸움을 해나가야 한다. 그래서 오픈 초기에는 매출 목표의 70~80%가 달성될 때까지는 광고비를 최대치로 지출해야 정점에도 도달할 수 있다.

이런 점이 신규 창업자가 매출이 잘 나오는 기존 경쟁업체를 이기기 어렵게 한다. 매출이 많이 나오는 곳은 광고비를 많이 쓸 수 있기 때문에 지속해서 빈번한 노출이 가능하지만, 신규 창업자들은 지출할 수 있는 비용이 한정적이기에 광고비를 적재적소에 지출하지 못하는 현상이 발생한다. 그러면 자연스럽게 가게 노출도가 떨어지고 3개월 안에 매출 목표 70~80%도 달성하기 힘들게 된다. 그래서 오픈 초기에 광고비를 최대한 끌어 쓰라고 말한 것이다.

사장님들이 광고비를 집행할 수 있는 주요 플랫폼으로는 배달앱이나 인스타그램 말고도 네이버 스마트 플레이스 같은 것도 있다. 자신의 매장이 네이버에 등록되면 고객들은 리뷰와 평점을 남길 수 있는데, 이것도 항상 체크하면서 업체 운영에 지대한 영향을 끼칠 것 같은 좋지 않은 리뷰가 있으면 그때는 블로그 대행사를 선정해 악성 리뷰를 밑으로 내리게 하는 작업도 해줘야 한다.

이렇게 하나하나 확인하는 작업이 귀찮은 일일 수도 있지만, 장사를 성공적으로 지속해서 운영하고 싶다면 리뷰나 평점 관리가 성공의 밑바탕이 될 수 있기에 꾸준히 땅 고르기 작업을 해야 한다. 이 같은 작업이 귀찮고 비용이 드는 일이라 무시하게 되면 훗날 분명히 가게 운영에 좋지 않은 영향을 끼치게 된다. 다시 한 번 강조하지만, 오픈 초기에 광고비 쓰는 것을 절대 아까워하지 말자.

그리고 사장님들 사이에 일반배민 울트라콜(원하는 지역에 가게를 등록해 노출하는 광고로, 고객과의 거리가 먼 다른 동네에도 우리 가게를 노출할 수 있다)에 대해 비용 대비 효율이 낮다는 말이 있는데, 이것은 반드시 효율을 따져야 할 문제는 아니다. 그것을 통해 매출이 늘었냐 줄었냐가 중요한 게 아니라, 고객들이 해당 카테고리에 들어왔을 때 우리 가게가 얼마나 많이 노출되느냐의 싸움이라고 생각해야한다. 즉 중장기적인 안목으로 남들보다 많이 투자해야 하는 것이다.

남들보다 많이 한다는 말은 고객이 지번을 등록했을 때 노출되는 우리 가게의 개수가 최소 2~3개 이상은 되어야 한다는 말이다. 물론 이 상태를 유지하려면 월 100~200만 원의 지출이 발생할 수 있지만, 우리 가게 인지도가 올라가는데 그 정도 비용이면 사실 싸게 먹히는 편이다.

광고비 지출에 있어서는 발상의 전환이 필요하다. 어떤 형태의 광고를 하든 효율을 끌어내고자 노력하는 것은 부질없는 짓이다. 최대치를 투입하면 무조건 효율은 나오기 마련이다.

현재는 울트라콜 기능이 거의 상실되었지만, 단기간이라도 홍보를 해서 인지도를 쌓는다는 관점은 유효하다.

직원 채용은
빠르면 빠를수록 좋다

　나는 다른 사장님들과는 달리 직원 채용은 빠르면 빠를수록 좋다고 생각한다. 개업 초기부터 직원들이 어느 자리에 어떻게 포지셔닝되면 효율적인지, 그래서 그 동선에 사장이 개입하지 않더라도 돌아갈 수 있게끔 세팅하는 것이 나홀로 시작하는 것보다 훨씬 장사에 이득이 된다고 여긴다.

　만약 직원 채용 없이 혼자 장사를 시작했다가 어느 정도 매출이 나와서 직원을 채용하기 시작하면 그때는 이미 직원이 들어갈 동선이 사라지고 난 이후로, 문제가 생길 수 있다. 즉 동선상 혼선이 생기기 때문에 매출에 부정적 영향을 미치게 된다는 의미다. 그래서 처음부터 고용할 수 있을 만큼 직원을 채용하고, 나중에 줄이는 일이 발생할지라도 애당초 직원들과 함께 일하는 구조를 만드는 것이 합리적이다.

　물론 나홀로 창업자나 부부 창업자들은 개업 초기에는 스스로 모든 일을 다 할 수 있을 거로 생각하고 직원 채용을 주저하곤 한다. 오픈 이후에는 부침이 있을 수 있기에 직원 없이 사장 1인이나 부부가 가게 일을 감당할 수 있겠지만, 그렇게 되면 포기해야 할 것들이 생각보다 너무나 많다.
　예를 들면 내 개인의 삶, 여가 시간을 전혀 가질 수 없다. 가게 오픈 전에 장을 보고 모든 재료를 다듬고 오더가 오면 바로 조리를 할 수 있게 세팅이 되어야 하고, 배달과 홀 장사를 병행한다면 챙겨야 할 것들이 배 이상 늘어나게 된다. 마감 이후에도 주방 및 홀 정리와 다음날 준비 등 몇 시간 이상 뒷정리에 시간을 쏟아야 하고, 만약 장사가 생각대로 되지 않은 상황이라면 고민으로 보내는 시간은 더 늘어날 수밖에 없다. 즉 온종일 가게 일에 얽매여

나를 돌아보거나, 차 한 잔의 여유를 가질 시간조차 없는 일상이 반복될 수도 있다는 말이다.

또 고객의 입장에서도 사장 혼자 바쁜 가게보다 직원이 서빙하고 자신들에게 신경 써주는 것이 더 좋을 수도 있다. 사장과 직원의 동선이 확립된 상황이라면 고객은 더 빨리 음식을 전달받을 수 있게, 쾌적하게 술을 마시거나 음식을 먹을 수 있는 여건이 보장된다. 그래서 오픈 초기에 아무리 장사가 안되더라도 직원을 채용해 효율적인 동선을 확립하는 게 좋다고 말하는 것이다.

오픈한 매장이 잘 되면 함께 오픈했던 친구들은 상당히 오랜 기간 사장과 함께 가게를 성장시켜 나가고, 그 속에서 같이 보람도 느끼고 직원들도 배우는 것이 많아 그들의 새로운 도전에 긍정적 영향력을 미칠 수 있다. 어쨌든 이것도 장사가 잘되어야 가능한 일이다. 혼자 고민하고 혼자 헤쳐 나가는 것보단 함께하는 사람이 있다면 그만큼 시너지 효과가 날 수 있다는 점을 기억하자.

직원을 채용하고
활용하는 노하우

직원 채용은 모든 사장님의 고민거리다. 오래, 책임감을 가지고, 성실히 함께 일할 수 있는 직원을 찾는 것은 쉽지 않은 일이다. 또 가게가 역세권에 있거나 근무 시간이 조금 넉넉한 편이라면 직원 채용이 쉽지만, 역세권이 아닌 경우에는 출퇴근이 번거로워 사람 뽑기가 만만치 않다.

특히나 외식업 같은 경우에는 요즘에는 외국인 노동자를 많이 채용하다 보니, 외노자에 대한 기본적인 편견은 물론, 소통이 잘

되지 않기 때문에 일단 일을 시켜봐야 알 수 있다는 단점도 있다.

나는 사람을 구할 때, 일단 20대 초반의 지원자는 뽑지 않으려고 한다. 군대를 다녀오지 않거나 어떤 사회 경험이 없는 초보자라면 사회생활을 알려주면서까지 일을 시키기에는 소규모 자영업자들에게 큰 부담이 된다. 그래서 되도록 어느 정도 경험치를 가진 사람을 구하는 게 사장님 입장에서는 베스트다. 사람 됨됨이를 떠나 어릴수록 '난 최저시급밖에 안 받으니 최저시급 정도만 일할 거야'라는 사고방식을 가진 경우가 많지만, 소위 사회 물을 먹은 사람은 이런 면에서는 조금은 안심할 수 있기 때문에 나는 사람의 경험치를 가장 중요시한다.

또 책에서 구체적으로 밝힐 수 없지만, 외국인 노동자를 고용할 때 특정 나라의 사람은 기피하는 경향이 있다. 그들을 굳이 채용하지 않으려는 이유는 나름대로 가지고 있다. 당연한 말이지만, 직원을 채용하고 나면 직원들도 자신이 어느 포지션인지 고민하게 된다. 나는 사장이 모든 직원의 자리를 대신할 수 있는 슈퍼맨이 되어야 한다고 강조하는데, 이 말은 직원에게도 어느 정도 해당하는 말이다. 즉 그 직원이 자신의 자리라고 여기는 곳을 한정 짓게끔 만들면 안 된다는 것이다.

바쁘지 않을 때면 각자의 자리에서 각자의 포지션대로 일하면 되겠지만, 피크타임 때는 이야기가 달라진다. 일하다 보면 누구는 바쁘고 누구는 바쁘지 않을 수도 있고, 누군가가 메워야 할 자리가 생길 경우도 있다. 이럴 때는 서로 효율을 높여서 같은 시간 안에 더 빠르게 더 많은 일을 하는 게 당연한 일이고, 직원은 그렇게 일하면서 자신의 대우를 스스로 높여가는 것이 바람직할 것이다. 그런데 내가 기피하는 국가의 사람들은 대개 '난 이만큼만 받으니 이만큼만 일해도 돼' 하는 식의 이런 나태한 사고방식을 가지고 있는 경우가 많아 매장을 좀먹게 하는 경우가 종종 있었다.

궁극적으로 훌륭한 매장이 되려면 직원들이 여기저기 상관없이 움직일 수 있어야 하고, 그 본을 보여야 하는 것이 사장인데, 이런 부분은 심층 인터뷰를 한다고 해서 알 수 있는 영역이 아니다. 우리의 영업장이 중소기업이나 대기업이 아니기 때문에 직원 채용 과정에서 현실적인 한계가 있다는 말이다.

그래서 나름의 기준을 가지고 직원을 채용하고, 수습 기간을 통해 우리 가게에 적합한 직원인지 판단하는 시간을 가진다. 짧은 수습 기간에 직원의 모든 것을 파악할 수는 없겠지만, 사장이 어떻게 하느냐가 중요하기 때문에 몸소 그 롤을 보여주면서 직원 교육도 병행하게 된다.

물론 매장이 대형화되면 사장이 일할 수 있는 틈이 없어진다. 매장이 대형화되고 안정화되었는데, 사장이 직원들 동선에 개입하는 순간 모든 동선이 무너질 수 있으므로 개입보다는 지켜보는 롤을 유지하는 것이 좋다. 이럴 때는 사장이 직접 개입할 수 없으니, 안정화되기까지 여러 시행착오가 있을지라도 사장의 아바타인 점장(매니저)을 키워야 한다.

직원 채용 이후 관리적인 측면도 매우 중요하다. 일단 직원 관리를 위해서는 기본적으로 사장이 직원에게 정확하게 디렉팅할 수 있어야 한다. 사장은 직원에게 일을 정확하게 시킬 수 있게끔 본인의 동선을 만들어서 그 속에 채용한 직원을 넣는 식으로 관리하는 것이 좋다.

그런데 직원의 역량은 사람마다 다르다. 유독 손이 야무지고 손끝이 매섭고 일머리가 좋은 사람들이 있는데, 사장은 그런 사람들을 통해 효율을 높여 나갈 수 있어야 한다. 즉 항상 한 발짝 뒤에서 직원들이 무엇을 하고 있는지, 그리고 어떻게 직원들의 효율을 극대화할 수 있는지 파악하려면 사장의 시야가 넓어야 효율적인 운영이 가능하다는 말이다.

　그리고 사장과 직원의 관계는 불가근불가원(너무 가까워서도 너무 멀어서도 안 된다)을 유지해야 한다. 사장과 직원이 너무 가깝게 되면 상당히 많은 문제가 야기되는데, 가령 직원이 사장과 맞먹게 되거나 문제 상황이 왔을 때도 쉽게 해결되지 않아 매장은 악화일로에 치닫게 된다. 그래서 사장과 직원 너무 멀어서도 안 되지만, 어느 정도의 선은 지킬 필요가 있다.

　직원 간 술자리가 너무 잦은 것도 권장하지 않는데, 직원끼리 너무 가까워지면 일자리가 친목 도모의 자리가 되어버릴 수도 있다. 특히 요즘에는 직원과 대화할 때 항상 녹취하는 것이 좋은데, 업무 처리에 대한 지시 이행 여부를 확인하는 데도 효율적이고 노동법 등 법적인 문제가 발생했을 때 증거자료가 될 수 있다. 나의 경우에는 통화녹취는 자동으로 되고, 소통을 문자와 카카오톡으로 자주 하는 편이라 의사소통에 문제가 생겼을 때 지난 기록을 보면서 문제의 원인을 찾곤 한다.

　결국 장사는 사람의 마음을 움직이는 업이다. 일단 고객의 마음을 얻어야 하고, 그리고 직원들의 마음을 사서 함께 훌륭한 매장을 이끌고 가야 한다. 마음을 움직이는 데 있어 소통은 기본이다. 그렇기에 사장은 항상 직원들과 소통하고, 관심과 애정을 표현하며 그들의 마음을 움직이도록 해야 한다.

배달 장사와 홀 장사,
두 마리 토끼를 잡아라

창업을 준비하면서 배달 위주의 장사를 할 것이냐, 홀 위주의 장사를 할 것이냐 하는 고민이 많이 될 것이다. 예전에는 홀 장사면 홀 장사, 배달 장사면 배달 장사로 양자택일을 해야 하는 경우가 많았는데, 최근에는 홀 위주로 장사를 하더라도 배달을 병행하는 경우가 많다.

일단 홀 장사와 배달 장사를 결정하는 주요한 요소는 바로 내가 가진 창업 자금의 규모다. 홀 장사를 하려면 사람이 많이 모이는 곳, 특히 최근에는 핫플레이스라고 통칭하는 곳에 자리를 잡아야 한다. 코로나 시기 이후 사람들은 소위 핫플이라는 곳 말고는 시간이나 돈을 쓰려고 하지 않는 경향이 있다. 핫플에서 약속을 잡아 사람을 만나고, 사진이나 영상을 찍고, 식사하고 커피를 마신다. 이게 코로나 이후에 젊은 층을 중심으로 일종의 문화가 되어버려서 홀 장사를 제대로 하려면 핫플을 선택할 수밖에 없는데, 창업을 준비하는 사람들에게는 금전적인 부담이 매우 크다.

그런데 비록 홀 장사는 창업 자금은 많이 들지만, 배달 전문 장사보다는 훨씬 낫다고 생각한다. 왜냐하면 홀 장사는 우리가 흔히 활용하는 배달의민족이나 요기요 등 배달 앱에 지불하는 통행세를 내지 않고 장사를 할 수 있기 때문이다. 통행세란 배달 앱이 가져가는 중개 수수료를 의미한다.

홀 위주의 장사는 마진율도 상당히 좋은 편인데, 요즘에는 핫플레이스라고 불리는 특수상권이 많지 않아 자리를 잡기도 힘들고 진입장벽도 매우 높아 쉽사리 들어갈 수는 없다. 특수상권에는 보증금과 임대료 외에도 권리금이 붙어 있기 때문에, 이 모든 비용을 감당할 수 있는 자금으로 창업하고자 한다면 홀 장사를 적극 추천한다.

  그렇다고 배달을 등한시해서는 안 된다. 배달은 홀 장사와는 다르게 비어있는 시간을 채워주기에 매출 증대에 큰 영향을 미친다. 다만, 홀과 배달 장사를 병행할 때, 그 둘을 소화할 수 있느냐는 또 다른 능력의 문제다.

  배달 장사도 결코 우습게 볼 수 없다. 내가 운영하는 가게 2호점의 경우 주말에는 배달이 300~400개가 나가는데, 그러면 두 사람이 역할을 분담해 이 배달 영역을 소화해야 한다. 그런데 여기서 홀까지 붐비게 되면 주방은 마비가 될 수밖에 없다. 그렇다고 배달을 안 받을 수는 없다.

  홀과 배달 장사를 병행할 때, 직원들의 동선이 겹치지 않고 매끄럽게 운영되려면 어떻게 해야 할까? 역시 여기서도 사장의 역할이 중요하다. 직원들이 조금 더 넓은 시야를 가질 수 있도록 사장이 선행해야 하고, 뒤에서도 모든 영역을 꿰뚫고 있어야 한다. 이 부분은 경험이 누적될수록 제자리를 찾아갈 수 있다.

홀이냐 배달이냐는 반드시 하나를 선택해야 할 문제는 아니다. 자금이 충분하면 홀 위주 장사를 하되, 배달도 병행하면 문제 될 것 없다.

장사는 마라톤이 아닌, 단거리 경기다

장사를 좀 했다고 하는 사장님들도 장사를 마라톤 경기에 비유하곤 한다. 멀리 내다보고 천천히 한 걸음씩 전진하면 목표치에 도달할 수 있다면서 말이다. 하지만 내 생각은 전혀 다르다. 장사는 마라톤이 아니라 100m 단거리 경기다.

마라톤 코스 42.195km를 달릴 때 세계 최정상급 선수들은 100m를 기준으로 17초 내지 18초로 일정한 속도를 유지하면서 달린다고 한다. 보통 일반 성인 남자에게 100m에 17초면 조금

느린 속도지만, 여자에게는 빠른 속도다. 어쨌든 100m를 12초에 달리건 17초에 달리건 숨 차는 건 똑같고, 마라톤이든 단거리 경기든 힘들기는 마찬가지다.

생각해 보자. 숨차고 힘든 건 똑같은데, 마라톤 경기를 하며 목표치를 아주 멀리(42.195km) 두고 한 걸음씩 전진하는 게 현명할까, 아니면 100m마다 목표치를 설정해 두고 전력 질주로 단거리를 돌파하면서 42.195km에 도달하는 게 나을까? 정답은 이미 나와 있다. 누구나 단거리 경기를 선택할 것이다.

내가 장사를 단거리 경기로 비유하는 것은 사장님들이 창업한 곳의 영업장에는 그렇게 긴 시간이 주어지지 않는다는 의미다. 장사는 총성 없는 전쟁이나 마찬가지다. 총, 칼, 방패 등 자신이 가진 모든 무기와 방어 도구를 들고 전쟁터에 뛰어드는 것이다. 가령 인근에 있는 경쟁업체를 보면서 초보 사장님들은 '쟤보단 내가 더 낫겠지' 하는 안일한 생각으로 창업한다. 이런 생각은 전쟁터에서 싸워보지도 못하고 지는 게임을 하는 것과 같다. 내가 총, 칼을 가졌으면 상대편도 총, 칼을 가졌다. 그 무기를 어디에 쓰느냐가 중요한 것이지, '상대방은 나에게 총을 쏘지 않을 거야' 라고 생각하는 건 지나치게 자신을 과신하는 것이고, 자신을 과신하면 결과적으로 전쟁에서 가장 먼저 패하게 된다.

우리가 애초에 장사에 뛰어든 이유는 무엇 때문이었나? 직장 생활할 때보다 돈을 더 많이 벌어서 자신뿐만 아니라 자녀들에게도 윤택한 삶을 주고 싶었기 때문에 창업하지 않았던가? 첫 가게가 안정화되면 더 큰 확장의 기회를 노리고, 그렇게 사업화의 길로 가고 싶은 게 창업자의 꿈 아니던가?

호수에 떠 있는 백조는 그냥 몸을 잔잔한 물결에 맡기고 있는 게 아니다. 계속해서 발길질해야 물결에 휩쓸리지 않고 자신의 자리를 유지할 수 있다. 장사도 별반 다르지 않다. '오늘 너무 달려왔기 때문에 내일은 좀 쉬어도 되겠지, 작년에 50억 매출을 냈으니깐 올해는 50억은 기본으로 하고 들어갈 수 있겠지' 하는 것들이 장사에는 없다는 말이다. 매 순간 전력 질주해야 한다.

그런데 마라톤이나 단거리 경기나 최종 목표치인 42.195km를 향해 간다면, 왜 단거리 경기를 해야 하는 것일까?

사람들은 목표를 향해 달릴 때 목표지점이 가까이 있으면 쉽게 지치지 않는다. 내가 말한 단거리 경기란, 오늘은 내가 미리 정한 목표를 달성했으니, 내일은 계획한 대로의 목표만큼 전력 질주하면 된다는 식이다. 한 번에 42.195km를 돌파하는 것이 불가능하니, 짧게 끊어서 가되 내가 설정한 중간 지점들은 치열하게 질주해서 달성해 나가라는 의미다. 중간에 멈추지 않고 전력 질주로 달려가다 보면 6개월 뒤, 1년 뒤, 2년 뒤에는 많은 것이 달라져 있을 것이다. 즉 전쟁에서 진정한 승리자가 될 수 있다는 말이다.

장사에서 승리자는 주변 경쟁업체가 가진 파이를 최대한 끌어오는 것을 말한다. 내 말이 야박하게 들릴 수도 있겠지만, 장사에는 상생이라는 것은 없다. 나도 처음 창업했을 때 상생이 가능할 줄 알았다. 전체 파이에서 내가 목표한 파이만 가져오면 먹고사는 데는 지장이 없을 거라는 생각에서였다. 내가 1/3을 먹고, A업체가 1/3을 먹고, B업체가 1/3을 먹으면 상생할 것으로 생각했었다. 하지만 현실은 그게 아니었다. 장사는 결국 승자 독식이었다.

나는 첫 창업을 PC방으로 시작했다. 창업 당시에는 컴퓨터 50대만 있으면 중형 PC방 소리를 들었고, 1시간에 1,000원씩 받았다. 월 1천만 원 정도로 매출도 꽤 쏠쏠했다. 그런데 어느 날 내 가게 근방에 80대의 PC가 있는 중대형 매장 A업체 들어섰다. A업체는 내가 가진 파이(고객)를 뺏기 위해서 출혈 경쟁을 시작했다. 1시간에 800원의 이용 요금을 받았던 것이다. 그래야 이용자들이 넘어오니, A업체 입장에서는 당장의 마진은 좀 적더라도 내 파이를 다 가져가려는 속셈이었다.

200원 차이의 위력은 대단했다. PC방을 이용하는 주 고객층이 꼬꼬마들이기 때문에 아이들은 내 PC방에서 4시간 놀 수 있는 돈으로 A업체에서는 5시간을 놀 수 있으니 당연히 A업체로 몰려갔다. 매장에서 손님들이 계속 빠져나갔다. 처음에는 그 이유를 몰랐는데, 길에 돌아다니는 꼬맹이에게 물어봤더니 "사장님, 저기 옆에 새로 생긴 PC방은 1시간에 800원이에요"라고 하는 것이다.

나는 그 길로 A업체를 찾아가 왜 출혈 경쟁을 하는 것이냐고 물었다. A업체 사장은 나를 비웃으면서 자신들은 대형 매장이고, 나는 중형 매장인데 경쟁해서 자신이 질 이유는 없다고 했다. 그래서 나는 "지금 뭔가 착각하시는 것 같은데요, 저는 건물주 아들이라 월세 안 내도 되니깐 1시간에 500원으로 하겠다, 내가 500원으로 했을 때 사장님이 그렇게 큰소리칠 수 있는지 두고 보시죠"라고 말하고 나왔다.

다음날 A업체는 이용 요금을 1시간에 1,000원으로 올렸다. 자, 이제는 내 PC방과 A업체는 상생하는 관계가 되었을까? 아니다. A업체는 오래가지 못했다. 가격을 내렸다가 올린 업체는 절대 성공할 수 없기 때문이다. 그때 나는 깨달았다. 장사에는 상생이라는 것은 없고, 단거리 경기로 전력 질주하면서 상권을 장악해야 한다는 것을 말이다.

단거리 경기라고 해서 무작정 뛰기만 한다고 성공하는 것은 아니다. 내가 100m를 몇 초에 뛰어서 최종 목표치인 42.195km에 언제 도달할지 하는 정확한 계산이 필요하고, 예산, 장사하는 마인드, 제품의 내구성, 그리고 인내심 등등 단거리 경기더라도 모든 준비가 완벽하고 장사에 필요한 요소요소가 적재적소에 투입되었을 때 최종 목표치에 도달할 수 있다.

가령 내 가게 인근에 경쟁업체인 B족발집이 새로 생겼었다. 족발 맛이 좋아서 온라인에 B업체가 올린 가게 소개를 보니, '14년간 미슐랭 5성급 호텔 주방장으로 있으면서 그 노하우로 족발집을 오픈했다'라고 적혀 있었다. 그런데 내가 아는 한 족발로 미슐랭 5성을 받은 호텔은 없었다. 즉 B업체는 불필요한 미사여구를 활용해서 자신의 가게를 홍보하고 있었던 것이다.

이런 식으로 맥락 없이 홍보하면 맛은 있을지 몰라도 그 음식에 대한 진정성을 느낄 수 없다. 음식을 전달하는 것은 내 마음을 전달하는 것과 같은데, 맥락 없는 홍보는 결코 한결같을 수 없다. '이 가게는 깔끔한 느낌을 준다', '여기는 굉장히 메뉴 구성이 다양하네', '이 가게는 손님들한테 충실한 것 같아' 등 자신들이 가진 메리트가 분명히 있을 텐데, 이것저것 눈길을 끌 만한 것들만 맥락 없이 끌어다 쓰면 엉성한 가게로 인식될 수밖에 없다.

이렇게 맥락 없이 단거리를 뛰게 되면 직원들도 덩달아 동선이 꼬이고, 동선이 꼬이면 장사가 안되고, 장사가 안되면 애초에 맥락 없었기에 원인 분석도 제대로 안 되고, 그러면 여유가 없어지고, 여유가 없으면 내일이 걱정스럽고… 그렇게 발만 동동 구르다가 폐업의 길로 들어서게 되는 것이다.

결론은 분명하다. 장사는 마라톤으로 생각하지 않고 단거리 경기로 여기며 마라톤과 같은 거리를 뛰어야 한다. 뛰더라도 중간 지점들을 찍어야 하고, 그 전력 질주의 방향이 42.195km를 제대로 향하고 있어야 한다.

보편적인 시세 판단은
감각이다

자영업을 하면서 가장 어려운 일 중 하나는 '가격'을 설정하는 것이다. 고객마다 느끼는 음식값의 가치가 다르기 때문에 가격을 합리적으로 설정하는 일은 자영업자에게 매우 까다로운 일이다. 모두들 공감할 테지만, 가격은 절대적인 것이 아니다. 같은 음식이라도 어떤 사람은 비싸게 느낄 수 있고, 또 다른 사람에게는 싸게 느낄 수 있다. 이 차이는 각자의 수입, 생활환경, 식비 지출 비중 등 여러 요소에서 비롯된다. 또한, 어떤 사람은 생존을 위해 먹고 또 어떤 사람은 즐기기 위해 먹는다. 이러한 다양한 요인들이 시세 판단에 영향을 미치게 된다.

장사를 하는 사람은 이런 보편적인 시세를 제대로 판단해야 지속해서 가게 운영을 할 수 있다. 음식이 싸다, 비싸다 하는 판단은 물론 고객들이 하는 것이지만, 가격이 일단은 보편적이어야 리뷰도 많이 달리고 긍정적인 반응도 이끌어낼 수 있다. 터무니없이 가격이 비싸면 고객들의 외면 받을 수밖에 없고, 그런 가게는 오래 살아남을 수도 없다.

그렇다면 사장님들이 보편적인 시세를 판단하기 위해서는 어떻게 해야 할까? 우선 경쟁 업체와 시장을 철저히 분석해야 한다. 다른 가게의 음식도 시켜 먹어 보면서 원가 계산도 해봐야 하고, 타 업체의 벤치마킹을 통해서 우리 가게는 이 정도를 주면서 풍족하게 주는 것처럼 포장도 해야 한다. 그래야 재주문율이 높아지고 단골들의 확보도 가능하다.

그런데 대개 많은 사장님들이 장사에 매몰되다 보면 우물 안의 개구리가 되는 경향이 있다. 즉 우물 밖의 세상을 제대로 보면서 합리적인 판단을 하지 못하고, 자신이 하는 결정과 선택이 다 맞을 것이라는 막연한 확신을 갖는다는 의미다. 아무리 바빠도 동종 업계의 현황을 파악해서 시장을 정확하게 알고 있어야 하는 데, 장사라는 것이 지독히 외롭고 고독한 일이다 보니 누구의 도움이나 조언을 받을 수 있는 여건이 되지 못한다. 프랜차이즈로 개업해서 가게를 운영하는 경우에도 프랜차이즈 본사에서 여러 정보를 제공하지만, 본사에서 제공하는 기준이 실제 영업 지역과 딱 맞아 떨어지지도 않는다.

어차피 자신이 영업하는 지역에서 반경 1~2km에 있는 동종 경쟁 업체라고 해봤자 20~30개에 불과할 텐데도, 그 몇몇 개를 돌아볼 시간과 여유가 없는 것이 자영업자들의 현실이다.

만약 이런 현황 파악을 할 수 없다면 자영업자들이 활발히 소통하는 인터넷 커뮤니티에서 다양한 정보라도 얻어야 한다. 커뮤니티에는 하루에도 정말 많은 사연이 올라오는데, 그중에서 가격과 관련한 이야기도 많다. 그런 글들을 보면서 이렇게 하면 '혜자'라는 소리를 듣고, 이렇게 하면 '창렬하다'라는 소리를 듣는다는 정도라도 알면서 시세에 대한 감을 익히는 것이 좋다.

그리고 창업 컨설팅을 하다 보면 많이 느끼는 것이 지역마다 소비 패턴이 다르다는 점이다. 유독 돈을 많이 쓰는 지역이 있는 반면, 유독 돈을 안 쓰는 지역이 있고, 특정 아이템이 잘 팔리는 지역과 그렇지 않은 지역도 있다. 자영업자들은 지역의 특성도 감안해야겠지만, 그렇더라도 보편적인 시세 수준에서 움직여야지 막연하게 장사가 잘 안 된다고 해서 가격을 대폭 인하하거나 장사가 잘 된다고 해서 가격을 상승시키는 등 어떤 기준점 없이 주먹구구식으로 운영해서는 안 된다. 즉 주변 시세와 각종 커뮤니티를 통해 다양한 정보를 입수해서 일반적으로 용인될 수 있는 기준점을 설정해야 장사가 휘둘리지 않고 중심을 잡을 수 있다는 의미다.

직원 인건비에 있어서도 마찬가지다. 인건비는 장사 하는 모든 사장님들의 가장 큰 고민 중 하나인데, 인건비는 직원을 휘두를 힘이 되기도 하고 직원에게 휘둘릴 수 있는 위크 포인트가 되기도 한다. 그래서 정말 성장하는 영업장을 만들고 싶다면 적어도 얼마 되지는 않더라도 보너스 정도는 더 챙겨줄 수 있는 사장이 되어야 한다. 하지만 현실은 녹록지 않다.

그래서 사장님들은 인건비도 최대한 보편적인 시세 수준을 파악해 책정해야 한다. 이는 그리 어려운 일이 아니다. 알바몬 등의 플랫폼을 통해 시세를 조사하고, 이를 바탕으로 합리적인 인건비를 책정할 수 있다. 또 연령층이 있는 직원을 채용하기 위해서는 벼룩시장이나 교차로에 공고를 올리는데, 이런 정보지를 봐도 적정 근무 시간과 적정 인건비를 파악할 수 있다.

그런데 어떤 사장님들은 무조건 인건비를 싸게 하려고 하는데, 이러다가는 나중에 큰일을 당할 수도 있다. 우리나라에는 최저시급이라는 제도가 있고 주휴수당, 야간수당 등을 법적으로 지켜야 하는데, 법을 무시하고 무작정 인건비를 낮게 책정하게 되면 나중에 노동청에 신고되어 그간 지급하지 않았던 모든 인건비를 토해내야 할 수도 있다.

이런 일을 피하기 위한 가장 좋은 방법은 노무사를 선임하는 것이다. 하지만 노무사 선임 비용은 영세한 자영업자에게는 큰 부담이다. 그래서 노무사를 선임할 여건이 되지 못하면 네이버 지식인에 최저시급 제도나 인건비와 관련한 질문을 올리면 된다. 노무 행정업에 종사하는 사람들이 친절하게 알려주기 때문에 법에 저촉되지 않게 합리적으로 인건비를 책정할 수 있다.

장사 하는 사람이라면 음식 가격이든 인건비든 지출하는 모든 비용과 관련해서는 반드시 보편적인 시세 판단을 하고 있어야 한다. 그래야 흔들리지 않고 합리적인 가게 운영 전략을 수립할 수 있고, 법을 위반할 일도 없어진다.

보편적인 시세 판단은 감각이지만, 그 감각은 직접 경험하고 다양한 정보를 수용하면서 충분히 기를 수 있다. 주변 경쟁 업체가 어떻게 하고 있는지 항상 관찰하고 자영업자 커뮤니티를 보면서 상식적인 감각을 익혀 나가길 바란다.

과거를 잊은 민족에게
미래는 없다!

장사를 이야기하는 데 '과거를 잊은 민족에게 미래는 없다'라는 격언을 쓰는 게 거창해 보일 수도 있을 것이다. 하지만 크게는 현재 우리의 역사에서부터 작게는 개인의 일상까지 우리의 모든 것이 과거에 걸어온 길의 결과물이기도 하고, 미래라는 것도 과거와 현재를 통해 가늠할 수 있다고 보기에, 나는 장사에 있어서도 이러한 격언이 통용될 수 있다고 생각한다.

창업 컨설팅이나 직원 교육을 할 때 항상 강조하는 말이 있다.

> "산업화가 진행된 이래, 우리가 가장 처음으로 창업하는 종목은 없다. 어떤 영역이건 누구라도 먼저 앞서 나가 있는 선배들이 있었고, 그 선배들이 했던 것의 반만이라도 할 수 있으면 우리가 먹고사는 데 전혀 지장이 없다. 그래서 반만 따라가면 중박이고, 3/4을 따라가면 준대박이고, 4/4를 다 할 수 있으면 대박이다."

내가 이런 표현을 쓰는 이유는 배달의민족, 요기요, 쿠팡이츠 등 메가톤급 배달 앱이 득세하는 현실을 직시하고, 과거에는 어떤 배달 시장이 형성되어 있었는지 생각해 보면 오늘과 내일, 우리가 장사하는 데에 어떤 인사이트를 줄 수 있다는 점을 알려주고 싶기 때문이다.

시곗바늘을 배달 앱이 출시되기 전으로 조금만 돌려보면, 매달 집으로 제공되는 배달책자를 보면서 '오늘은 뭘 시켜 먹을까' 고민했던 기억이 다들 있을 것이다. 사장님들 입장에서 배달책자는 매장 홍보에 매우 유용한 도구였다. 한 달에 20만 원 정도만 내면 책자에 우리 매장의 음식 사진을 예쁘게 배치하고 소개 문구도 자유롭게 넣을 수 있었기 때문이다. 이 배달책자에서도 우리 매장이 앞부분에 노출되는 게 더 유리할 수 있는데, 배달책자 업체들도 이를 알고 있었기에 광고 위치에 따라 가격의 차등을 두고 프로모션을 진행했었다.

어떤가? 배달책자가 마치 배달의민족이나 요기요 등 배달 앱의 오프라인 판으로 보이지 않은가? 현재는 스마트폰의 일상화로 배달책자는 거의 다 사라지고, 이것이 계승 발전되어 지금의 배달 앱에 적용되고 있는 것이다.

배달 앱도 처음 시장에 출시되었을 때는 시장 점유율이 배달책자에 미치지 못했기에 사장님들을 사로잡는 유인책이 필요했다. 그래서 처음에는 매장의 배달 앱 등록과 노출이 공짜인 것처럼 홍보하면서 업주들을 모았다. 시간이 흘러 시장 점유율이 독점적으로 높아졌을 때부터는 수수료를 마구 올리면서 지금과 같이 업주들 고혈을 짜내고 있다.

배달 앱은 시기에 따라 여러 프로모션이 등장했다. 가장 대표적인 것이 배달의민족에 있었던 슈퍼리스트다(요기요에도 비슷한 프로모션이 있었다). 슈퍼리스트는 특정 지역에서 최상단에 매장을 노출시키는 방법으로 입찰식으로 진행했다. 경매를 해서 가장 높은 단가를 내는 매장이 최상단에 노출되는 방법이었다. 그러면 특정 카테고리에 정말 비싼 경우에는 수백만 원씩 책정되는 경우도 있었고, 배달 수가 많고 경쟁이 치열한 지역은 갈수록 입찰가격이 높아졌다. 배달 앱을 활용하는 사장님들은 이것 하나만 프로모션으로 진행하는 것도 아니고, 이것저것 다 합쳐서 많게는 한 달에 천만 원이 넘는 프로모션 비용을 감당하게 되는데, 당연히 배달 앱에 대한 원성이 치솟을 수밖에 없었다.

이후 슈퍼리스트라는 제도는 사라지고 울트라콜이라는 프로모션이 생기게 되었는데, 울트라콜은 앞서 설명했듯이 흔히들 말하는 깃발을 구매해 꽂는 시스템이다. 그런데 울트라콜도 슈퍼리스트와 마찬가지로 이 프로모션에 많은 돈을 지불할 수 있는 업주들은 한정적이었다. 배달 앱 입장에서는 프로모션에 해당하는 대상을 확대해 수익을 더 거두는 것이 이익이다.

그래서 등장한 것이 시간 단위로 로테이션을 돌려 랜덤으로 노출 시켜주는 오픈리스트라는 프로모션이다. 특정 지역별로 오픈리스트 광고를 신청한 사장님들의 광고를 세 개의 노출 영역에 랜덤으로 10분간 노출하는 방식인데, 광고비는 결제로 발생한 주문 금액의 6.8%(VAT별도)를 앱이 가져가는 구조다.

그런데 오픈리스트로 상단에 노출되는 매장의 수가 3개가 아니라 7~9개까지 노출되는 현상이 생기다 보니, 울트라콜로 깃발을 꽂던 업주들의 매출이 하락하는 현상이 발생했다. 내가 운영하는 매장도 당시에 20% 가량 매출이 빠지는 시기가 있었다. 사실 배달 앱에서 승부를 보는 사장님들에게는 자신의 매장이 최상단에 노출되는 것이 핵심이고, 돈 내고 프로모션을 이용하는 것도 최상단 노출을 위한 것인데, 더 많은 업주들에게 공통된 수수료를 받으려는 배달 앱의 횡포에 업주들은 억장이 무너질 수밖에 없었다.

과거의 배달책자든 지금의 배달 앱이든 우리가 공통적으로 생각해볼 수 있는 것은 모든 플랫폼에서 최상단 노출이 핵심이고, 이것이 매출과 직결된다는 사실이다. 일단은 최상단으로 노출되어야만 시장 점유율을 넓힐 수 있고 장사의 안정적인 기반을 다질 수 있다. 그런데 이렇게 노출도가 높아지면 박리다매를 할 수밖에 없는 구조가 된다. 객단가가 크고 작고를 떠나 최상단 노출로 배달 앱이 뜯어가는 것이 많다 보니, 어쩔 수 없이 업주 입장에서는 박리다매를 해야 한다.

그렇다고 박리다매가 결코 나쁜 것만은 아니다. 박리다매로 장사를 하게 되면 자연스럽게 순환율이 높아져서 고객들은 신선한 재료를 이용한 음식을 받을 수 있게 된다. 재료가 신선하지 않은 가게가 무슨 수로 신선한 재료의 가게를 이길 수 있겠는가?

오늘 당장 장사를 시작하더라도 과거에는 어떤 시스템으로 장사가 이루어졌는지 살펴보는 것도 큰 도움이 된다. 시스템의 변화를 제대로 읽으면 현재 시스템을 어떻게 활용하는 것이 전략적일 수 있는지 파악할 수 있고, 앞으로 어떻게 변화할 것인지도 가늠할 수 있다.

특히 배달 앱에는 다양한 프로모션이 있는데, 흘러가는 상황에 눈이 밝으면 어떤 프로모션에 얼마만큼의 비중을 둘 것인지 하는 구체적인 계획이 바로 설 수 있고, 그 전략이 먹힐 가능성도 훨씬 커지게 된다. 과거를 통해 배우고, 그 배움에서 더 발전된 미래가 있다는 점을 기억하자.

신용은 떨어뜨리는 것이 아니라,
관리해야 하는 것이다

장사를 오래했든 처음 시작했든 내 가게를 운영하는 것은 결코 쉬운 일이 아니다. 매일매일 변화하는 시장 환경에 적응해야 하고, 무수히 많은 동종 업체와의 경쟁에서도 살아남아야 한다. 그래서 많은 사장님들이 다양한 자영업자 커뮤니티를 통해서 서로의 어려움을 털어놓거나 장사 노하우를 공유하는데, 언제부턴가 커뮤니티에 자주 올라오는 글을 보면 자영업자들 사이에서 신용점수를 어떻게 낮출 수 있을지에 대한 고민을 많이 하는 것처럼 보인다.

코로나 이후 많은 소상공인 진흥공단이나 신용보증재단과 같은 기관에서 정부 지원 상품을 많이 내놓았는데, 이러한 지원 상품들은 일정 신용 점수 이하의 자영업자들에게 혜택을 제공하기 때문에 의도적으로 자신의 신용 점수를 낮추려고 하는 것이다. 가게 운영의 어려움은 대다수 자영업자들이 겪는 고통이기에 신용 점수를 낮춰서라도 지원금을 받아 현상을 유지하려고 하는 마음은 이해는 간다. 하지만 현상만 유지하면 된다는 생각으로 장사를 하는 사람들은 애당초 자영업을 하면 안 될 사람이었다.

모름지기 장사를 시작했다면 신용 점수를 떨어뜨려서 1천만 원, 2천만 원 지원을 받는 것보다 신용 점수를 유지하는 것부터 시작해 은행권과 거래할 수 있는 지표를 만들어가는 게 장사하는 사람의 기본 덕목이라고 생각한다. 은행과의 신뢰 관계에서 가장 중요한 지표는 매출이라고 할 수 있는데, 매출이 중요한 이유는 매출이 커질수록 마진율도 올라가고, 이를 통해 더 큰 혜택을 받을 수 있기 때문이다.

그런 이후에 정부 정책 자금을 활용해서 사업을 확장하거나 운전 자금으로 사용해야지 처음부터 안일하게 장사를 시작하다 보니, 신용 관리가 제대로 되지 않아 정작 자금이 필요한 시기에는 제도권과의 거래가 단절되는 경우가 부지기수다. 이런 상황에서는 장사할 맛도 나지 않고 하루하루가 암울해 우울감마저 불러온다. 더군다나 국세와 지방세, 건강보험료를 내야 하는 시기와 맞물리게 되면 더 큰 직격탄을 맞을 수 있다.

내가 이런 말을 하면 누군가는 '당신은 장사가 잘 되니깐, 그런 걱정하지 않는 거잖아'라고 할 수도 있겠지만, 기본적으로 장사를 하는 마인드가 신용을 떨어뜨리는 방향이 아니라 신용을 관리하는 방향으로 가야 기회가 온다는 것을 강조하고 싶은 것이다.

거래처와의 관계를 생각해보자. 거래처와의 거래에서도 외상이나 미수 등 당장 대금을 지급하지 않고 미룰 수 있는 것이 일반적인 관행이다. 이러한 거래 관행도 일단 신용이라는 것이 전제가 되어야 가능하고, 신용이 확실히 쌓인 상태에서는 위험하고 위급한 상황이 오더라도 다시 대금 결제를 미루는 등 한두 번쯤은 도움도 받을 수 있다. 하지만 매번 약속한 날짜를 지키지 않거나 평소에 신용을 잃는 행동을 보였다면 위급한 상황 시 거래처에서 가게의 사정을 이유로 기꺼이 대금 결제를 미뤄주겠는가?

나는 직원들에게도 신용 관리의 중요성을 교육한다. 특히 젊은 직원들에게는 그들이 언제까지 내 가게에서 일할지는 모르겠지만, 일단 취업을 하면 신용카드 소지 여부를 파악하고 신용카드가 없다면 만들기를 권유한다. 단 신용카드의 한도는 100만 원으로 하고 거기서 매달 30만 원씩 필요한 물건 등을 구매하고 반드시 정해진 날짜에 카드값을 내라고 강조한다.

그러면 이 친구들이 "신용카드를 만들어서 왜 30%만 써야 하는 거죠?"라고 묻는다. 나는 직원들에게 이렇게 말해준다.

"네가 여기서 일을 잘하고 못하고도 중요하지만, 이곳에서 오래 일을 하고 오래 일을 못하고는 네가 쌓아가는 평판일 것이다. 평판이라는 것은 네 행동에 다른 사람들이 바라보는 어떤 평가나 지침 같은 것인데, 사회생활도 매한가지다. 신용거래를 해놔야 네가 무슨 일이 있으면 은행을 통해서 돈을 빌리거나 아니면 대출받아서 집을 사거나 차를 사거나 할 수 있는데, 아무 생각 없이 받는 월급을 그냥 쓰고 적금도 안 하고 신용거래도 없이 세월아 네월아 하면 세상이 너를 바라볼 때는 넌 아무것도 없는 사람처럼 보일 수밖에 없다. 그래서 모든 사회에서의 관계는 신용이라고 하는 거다. 그런 신용을 지키는 삶을 살면 네가 위기에 빠졌을 때 너를 돕지 절대 해가 되지 않는다. 다만 신용카드를 만들어서 할부로 뭘 사고

술을 사 먹고 하라는 것이 아니다. 무조건 30% 정도 한 30만 원을 카드로 쓰고, 신용카드 결제 대금이 나오면 바로바로 갚으면서 그렇게 성장하는 한 걸음 한 걸음이어야 네 나이가 30대 40대 50대 됐을 때 네 가정을 건사할 수 있고 네 스스로를 지킬 수 있다.”

직원들에게 교육하며 말하는 것이지만, 모든 자영업자들에게도 해당하는 말이다. 자영업자는 개인사업자든 법인사업자든 어쨌든 자신의 사업체를 키우는 것이다. 자녀도 내 마음대로 안 되는 경우가 많은데, 사업체를 자식을 키우는 마음처럼도 대하지 않으면 어떻게 제대로 육성할 수 있겠는가? 열정과 애정이 없다면 절대 성공할 수 없다.

내 가게를 위해서, 그리고 나를 믿고 일하는 직원들을 생각한다면 신용을 떨어뜨려서 지원금으로 지금 당장 버틸 생각을 할 게 아니라, 신용 관리를 하면서 어떻게 하면 매출을 더 올릴 수 있을지를 먼저 생각해야 한다.

프랜차이즈? 나홀로 창업?
어떤 걸로 시작해야 하나?

★ ★ ★

창업 방식에는 크게 나홀로 창업과 프랜차이즈 가맹 창업이 있다. 인수 창업 방식도 있지만, 매출이 잘 나오는 곳을 특별한 사정 없이 매도하고자 하는 사장님은 드물기에 여기서는 나홀로 창업과 프랜차이즈 창업 위주로 알아보자.

나홀로 창업은 본인만의 브랜드로 가게를 운영하는 형태다. 모든 오픈 과정과 가게 운영을 사장이 혼자서 결정해야 하는 만큼 창업자의 역량과 노력이 엄청 중요하다. 가게 홍보도 누구의 도움 없이 스스로 기획하고 실행해야 하기에 처음부터 끝까지 모든 것을 홀로 준비할 능력과 자신이 없다면 절대 나홀로 창업을 해서는 안 된다.

물론 창업 컨설턴트의 도움을 받을 수는 있지만, 아무래도 프랜차이즈 가맹 창업보다는 사장이 챙겨야 할 것이 많아 시간과 노력이 훨씬 많이 든다는 점을 알고 시작하는 것이 좋다.

나홀로 창업의 가장 큰 장점은 프랜차이즈 창업보다 투자비가 적게 들고, 원가 경쟁력이 있다는 점이다. 하지만 상대적으로 투자비가 적게 든다는 이유 하나만으로 나홀로 창업을 하는 것은 어리석은 짓이다. 비용이 적은 만큼 그 이상의 시간과 노력이 들기 때문에 이런 일을 즐기거나 감당할 수 있어야 중도에 멈추는 일 없이 끝까지 이어갈 수 있다.

대개 나홀로 창업은 외식업계에서 일해본 적이 있는 사람들이 택하는 방식이다. 외식업에 종업원으로 일했건 외식 관련 기업에서 일했건 어느 정도의 경험과 나름의 꿈을 가지고 차근히 준비해 온 창업자들에게 적합하다.

창업하고자 하는 예비 사장님들은 대개 회사를 그만뒀거나 은퇴 이후에 외식업에 도전한다. 그래서 외식업을 운영하는 데 비

전문가인 경우가 많다. 외식업은 주메뉴에 대한 자신감도 있어야 하지만, 맛의 일관성, 점포의 위생과 청결, 저렴하고 질 높은 식재료를 구하는 노하우 등 다방면으로 운영 방법을 익혀야 한다.

처음부터 이 모든 걸 습득하는 게 힘들기 때문에 많은 예비 사장님이 프랜차이즈 가맹 창업을 선택한다. 이 방식은 가맹본부의 수익이 포함되기에 나홀로 창업보다 투자비가 더 들어가지만(업종과 규모에 따라 투자 금액은 천차만별이다), 가게 운영 노하우, 식자재 공급의 편리성, 메뉴 및 서비스 교육 등 초보 창업자들도 쉽게 접근할 수 있도록 시스템화되어 있다. 또 가맹본부가 구축한 브랜드 이미지나 인지도를 활용할 수 있고, 매장을 운영하면서 발생하는 문제나 어려움을 가맹본부와 상의할 수도 있다.

나홀로 창업과 프랜차이즈 가맹 창업. 정답이 있는 문제는 아니다. 창업 자금의 규모, 자신의 성향, 그리고 내 가게가 자리할 곳의 여건 등을 두루 살펴 자신에게 가장 적합한 형태로 창업을 준비해 나가길 바란다.

[표1] 프랜차이즈 창업 절차 한눈에 보기

정보 수집
(가맹본부 자료, 기사, 인터넷 정보, 컨설팅, 주변인 등)

↓

업종 선택

↓

가맹상담
(가맹상담 후 계약 시 정보공개서 수령)

↓

가맹본부 확정

↓

상권분석
(점포 인근지역 가맹점 현황 및 예상 매출액 수령, 사업 타당성 분석 및 출점 여부 결정)

↓

임대차계약

↓

가맹계약

↓

인테리어/시설, 기계 및 장비 계약

↓

가맹본부 점주 교육
(이론 및 실습 교육)

↓

오픈 준비
(직원 채용, 오픈 행사 준비 등)

↓

오픈 및 운영
(가맹본부의 지속적인 운영 지도)

＊나홀로 창업도 프랜차이즈 가맹 창업과 유사한 단계로 진행된다. 다만, 나홀로 창업은
자신의 브랜드로 운영하는 사업체이기에 모든 과정을 예비 사장님이 주도해야 한다.

디테일로
승부하라

창업 시기는
성수기 두세 달 전을 노려라

창업을 앞둔 예비 사장님들을 보면 설이나 추석 등 명절이 끝나고 본격적으로 창업을 준비한다. 내가 창업 컨설팅을 할 때도, 대개가 큰 명절 뒤에 계약이 가장 많이 나왔다. 아무래도 명절에 친지들과 모여 창업에 대한 구체적인 이야기를 깊이 나눌 수 있다 보니, 그때가 아마도 창업에 대한 고민을 끝마치는 시기인 듯하다.

아이템을 선정하고 그 아이템으로 남들이 창업을 많이 할 때,

창업에 나서는 것도 나쁘지는 않다. 하지만, 왜 하필이면 그 시기에 특정 업종의 창업이 많은지 파악해 볼 필요는 있다. 사람들이 많이 할 때는 분명 그 이유가 있기 마련이다. 다시 말해 업종별로 적합한 창업 시기가 있다는 말이다.

여기서 가장 중요한 점은 어떤 아이템으로 창업한다고 했을 때, 그 업종의 성수기 두세 달 전에는 창업에 나서야 한다는 것이다. 한 달 전이라도 괜찮다. 물론 일정이 빡빡하긴 해도 성수기를 놓치는 것보다는 낫다. 그래도 적어도 3개월 전에는 창업을 결정 짓고, 본격적인 실행에 나서는 것이 이상적이다.

특정 업종의 성수기에 맞춰 개업한다는 것은 창업을 준비하면서 목표한 궤도에 가장 빨리 오를 수 있는 방법이기에 창업 시기는 업종 선택만큼이나 중요하다. 특정 업종의 성수기 파악은 그리 어려운 일도 아니다. 흔히 우리가 자주 활용하는 네이버, 구글 등 포털이나 디시인사이드 등 많은 사람이 유입되는 커뮤니티를 참고하면 된다. 이런 곳에서 특정 키워드로 검색을 해보면, 분명 그 키워드의 빈도수가 유난히 많을 때가 있다. 그때가 그 키워드와 관련한 업종의 성수기라고 볼 수 있다.

또 인터넷에 유머 글이 많이 올라오는 사이트나 인스타그램 등

SNS를 보면 '우리 오늘 뭐 먹었어', '이곳 가고 싶다', '이제 어떤 것들을 준비해야 하네' 등 다양한 정보를 쉽게 얻을 수 있다. 주식을 할 때도 '소문에 사서 뉴스에 팔아라' 하는 말이 있듯이, 어떤 이야기가 슬금슬금 나온다는 것은 성수기를 의미한다고 볼 수 있다. 그래서 그 시기가 오기 전에, 혹은 그 시기에 맞춰 개업하면 개업 초기 허덕이지 않고 좀 더 빠르게 목표한 궤도에 오를 수 있다.

창업 시기는 업종별로 다양하겠지만, 직관적으로 이해하기 쉬운 업종의 사례를 들어보면 커피전문점의 경우에는 대개 겨울에서 봄으로 넘어가는 시기에 창업 문의가 많다. 날이 따뜻해지면 야외 데이트가 늘기 때문에 그 시기에 오픈하면 다양한 이벤트를 통해 고객을 유치할 수 있다.

피트니스 업종은 연말이나 연초에 개업하는 것이 좋다. 일반적으로 사람들은 신년 계획으로 건강관리를 빼놓지 않기 때문에 연말·연초에 피트니스 등록 고객이 급증한다. 또 주얼리나 화장품은 4~5월 전에 개업할 수 있도록 준비하는 것이 좋은데, 환절기에는 화장품 판매가 급증하고, 5월에는 각종 기념일로 주얼리나 향수의 구입이 많이 늘어난다.

치열한 창업 시장에서 살아남기 위해서는 고려해야 할 점이 한두 개가 아니다. 흔히들 업종 선택이나 상권에만 매몰되곤 하는데, 이에 못지않게 창업 시기, 타이밍도 중요하다는 점을 잊지 말자. 성수기를 노린 창업 시기가 장사의 성공과 실패를 좌우하는 결정적 요소는 아니더라도, 개업 초기 안정적 운영의 원동력은 충분히 될 수 있다.

작은 배려, 여성을 배려하는 인테리어가 답이다

특히 홀 위주의 창업을 한다면 여성을 배려하는 인테리어를 염두에 둬야 한다. 이 말은 창업한 가게에 여자가 오지 않는다면, 혹은 여자들이 오기 싫어한다면 남자들도 찾지 않는다는 의미다.

굳이 헌팅 포차나 클럽 같은 곳이 아니더라도 손님을 맞는 주점이나 음식점이라면 당연히 인테리어에 가장 큰 신경을 쏟는다. 특별히 창의적인 인테리어 아이디어가 있는 게 아니라면 보통은 인테리어 전문 업체나 특정 이미지를 활용해 내부를 꾸미기 마련인데, 대개 많은 사장님이 매장 내부에만 관심을 가진다. 인테리어 공사를 할 때 주방이나 화장실이 의외로 비용이 많이 드는데, 사장님들은 이곳이 외부에서는 보이지 않는 부분이다 보니 신경을 덜 쓴다는 말이다.

그런데 화장실이야말로 가장 여성을 배려해야 하는 공간이다. 되도록 남녀 화장실이 분리되는 것이 가장 좋고, 여건이 되지 않으면 소변기를 대변기와 같이 놓지를 말아야 한다. 남녀 공용이더라도 여자 화장실 같은 느낌으로 꾸며주는 센스를 발휘할 필요가 있다.

남녀가 동반하는 술자리가 있다면 여자들이 화장 고칠 시간이 필요하다고 생각해야 한다. 화장을 고치려면 일단 화장실이 쾌적해야 하는데, 화장실에 소변기가 있는 것을 보면 여자들은 쾌적함을 느끼지 못한다. 남자들은 소변기가 없어도 충분히 용변을 볼 수 있기에 화장실 공간이 협소하면 깨끗한 인테리어에 대변기만 놓고, 공간이 충분하다면 남녀 공간을 분리해야 한다.

요즘 젊은 고객들은 대부분 SNS 계정이 있고, 자신들이 방문한 음식점이나 장소가 예쁘면 반드시 SNS에 사진을 찍어서 올린다. 이게 이제는 하나의 문화로 정착되었기에 기왕이면 가게 홍보에 도움이 될 수 있게 사진을 촬영할 수 있는 스팟을 만들어 놓아도 좋다.

매장에 홀 테이블을 배치할 때도 조명이 역광으로 되지 않게끔 배려하고, 각도를 계산해서 자리에 앉아서도 가게의 이미지를 드러낼 수 있는 디자인을 찍을 수 있도록 하면 젊은 고객들은 열이면 열 사진을 찍어 SNS 계정에 올린다.

또 매우 사소한 것이지만 의자 같은 것도 작은 배려가 될 수 있다. 여자들이 앉았을 때 편안함을 느낄 수 있는 의자를 놓는 것이 좋고, 만약 붙박이 의자라면 엉덩이 부분이 얕아서 불편한 의자가 아니라 앉았을 때 너무 깊지도 얕지도 않게 의자를 만들어야 한다. 의자의 높이도 마찬가지다. 너무 높으면 앉기에 불편하고 너무 낮으면 술을 마시다가 내장이 꼬여 술이 덜 받는 경우가 있다.

그리고 이건 여성을 배려하는 장치와는 조금 다른 부분이지만, 배려심이 느껴지는 개성 있는 가게를 만드는 것이 좋다. 가령 우리 매장은 주변에 아파트촌과 주택가 밀집 지역이라 포장 주문이 상당히 많은 편이다. 배달비에 부담을 느낀 고객들이 포장 할인 등을 이용해 주문하는 것인데, 그래서 우리 매장은 아예 포장 전용 원형 테이블을 하나 마련했다. 거기에 조그마한 꽃병도 놓고 포장 고객이 오면 아기자기하게 장식된 테이블에서 기분 좋게 음식을 들고 갈 수 있도록 한 것이다.

물론 아주 작은 개성이자 배려이다. 하지만 원래 배려라는 것이 큰 차이에서 비롯되는 것이 아니다. 아주 작은 차이로도 큰 배려의 효과를 낼 수 있다. 작은 차이라는 것도 어렵게 생각할 필요가 없다. 예를 들면 내 차는 포르쉐 911인데, 차 번호를 911을 사서 넣었다. 왜냐하면 '내 차'이기 때문이다. 그리고 운동화를 신어도 개성 있게 보이기 위해서 오른쪽과 왼쪽 신발에 다른 색의 끈으로 묶는다든지, 이런 식으로 간단하고 아기자기한 디테일만으로도 사람들은 작은 기쁨을 누릴 수 있다.

개성과 배려는 인테리어 영역뿐만 아니라, 배달 앱에도 적용할 수 있다. 요즘엔 1인 가구가 많아 그들을 위한 메뉴도 별도로 마련하는데, 이런 작은 사이즈의 메뉴는 '나를 위한 선택', 조금 큰 사이즈는 '나와 함께하는 누군가를 위한 선택' 등 단순히 1인분, 2인분, 3인분이라는 단어보다는 훨씬 부드럽게 다가가는 효과를 낼 수 있다. '고객들이 이런 것에 신경 쓸까?'라고 할 수도 있지만, 다른 곳과의 작은 차이와 배려가 고객에게는 긍정적인 인식을 심어줄 수 있는 장치가 될 수 있다.

개성 있는 가게를 만드는 것, 그리고 여성을 배려하는 인테리어를 구축한다고 해서 반드시 추가적인 비용이 발생한다는 것은 아니다. 세심하고 작은 배려 몇 가지만으로도 고객에게 큰 만족감을 줄 수 있다는 점을 알아야 한다.

영업시간, 한두 개
더 파는 것에 집착하지 말라

24시간 불이 꺼지지 않는 족발 가게가 있다. 그 족발집은 주택가 인근에 자리하고 있어 밤 10시 정도면 홀 고객이든 배달이든 주문 수가 현저히 줄어든다. 족발집 사장은 알바생들과 주방 이모를 퇴근하게 하고, 밤 10시 이후에는 혼자서 주문을 받는다. 밤 11시가 넘어가면 홀을 찾는 손님이 거의 없다. 간간이 배달 주문만 있다. 새벽 1시, 사장은 홀 구석에 라꾸라꾸 침대를 펴서 불편하게 누워 쪽잠을 잔다. 새벽 2시 2건의 배달 주문, 새벽 3시

1건의 배달 주문을 끝으로 하루 장사를 마감한다.

누군가는 성실함이 장사의 최고 미덕이라고 한다. 24시간 가게 문을 열어두면 어쨌든 손님들이 가게를 찾게 되고, 그렇게 한 명의 고객이라도 놓치지 않고 노력하면 고객들은 그 가게의 성실성을 알아준다고 믿는다. 충분히 일리 있는 말이다. 새벽 3시 넘는 시간에 족발이나 치킨을 먹고자 하는 사람이 있을 수 있다. 그 한두 명의 고객을 잡는 것이 가게 이미지를 위해 결코 나쁜 선택은 아니라고 믿으면 어쩔 수 없는 일이다.

하지만, 그 한두 개의 주문을 잡기 위해 가게의 사장이 포기해야 할 것은 엄청나게 크다. 바로 시간이다. 충전할 수 있는 시간, 타인과 교류할 수 있는 시간, 가족과 함께할 수 있는 시간… 24시간 불이 꺼지지 않는 가게는 이 모든 시간을 포기해야만 한다.

비단 시간만 포기하면 되는 것도 아니다. 건강도 해치게 된다. 처음에는 티끌 모아 태산이라는 마음과 성실하면 고객이 알아줄 것이라는 믿음으로 호기롭게 밤을 지새우지만, 사람의 몸은 로봇이 아니기에 이내 지치기 마련이다. 에너지가 없으면 흥이 나지 않고, 흥이 나지 않으면 매너리즘에 빠진다.

많은 사장님이 가게 문을 오래 열면 열수록 긍정적인 효과가 있을 거라 믿는 경향이 있다. 실제 영업시간을 어떻게 설정하느냐에 따라 이익률이 크게 달라지기에 사장님들은 영업시간이 길수록 이익이 커진다고 착각한다. 하지만, 앞서 직관적인 사례를 통해서도 알 수 있듯이 24시간 가게 문을 열어둔다고 해서 반드시 수익이 커진다고 할 순 없다. 오히려 얻는 것보단 잃는 것이 더 많다.

나는 내가 운영하는 모든 매장을 12시간 미만으로 정해 영업을 한다. 가장 큰 이유는 인건비다. 현재의 운영 시간에서 1시간만 더 늘어나도 교체 인력이 필요하고, 각각의 자리의 교체 인력을 투입한다면 인건비만 해도 월 천만 원이 더 들어간다. 월 천만 원의 고정비용을 감당하기 위해서는 내 마진율은 대략 잡아도 5천만 원 이상을 팔아야 보장된다. 그렇다면 일일 1시간 추가 운영으로 과연 5천만 원 이상을 벌 수 있는 상황인지를 따져봐야 한다. 불가능하다는 결론이 쉽게 도출된다.

주변 경쟁업체들을 보면 하루에 14시간, 18시간씩 가게 문을 열어두는 곳이 있다. 오후 2시에 시작해서 새벽 4시까지 운영하면 14시간 오픈하는 것이고, 점심 장사와 아침 장사까지 다 한다고 하면 하루 18시간을 운영해야 한다. 18시간이면 운영팀이 최소 2개 이상 필요하고, 어느 정도 규모가 있는 가게라면 한 팀에 최소 6명 이상 멤버 구성을 해야 한다. 1개 조에서 2개 조로 운영하면 추가로 6명의 인력을 더 써야 한다는 말이다.

아무리 시간 활용을 잘해서 인력을 구성하고 중간중간에 알바생을 쓴다고 하더라도, 18시간 오픈에 2개 조 운영이 과연 실익이 있는지 의문이다. 장사는 한정된 시장에서 점유율을 확장하는 싸움인데, 나보다 장사 잘하는 신규 사장님이 시장에 들어오면 기껏 차지했던 점유율은 하루아침에 무너지기 십상이다. 즉 시간으로 싸움하는 게 아니라, 다른 차별화된 전략으로 시장 점유율을 확장하는 것이 효율적이라는 의미다.

직원들도 업무 시간이 긴 가게를 선호하지 않는다. 요즘에는 소위 워라밸이 매우 중요하게 여겨지기 때문에 한두 시간 추가적인 시급보다 쉬는 날이 더 많은 업장을 선택하는 경향이 있다. 만약 가게 영업시간 늘리는 데에 직원들이 동의한다고 해도, 일하는 시간이 길어지면 일에 염증이 생기게 되고, 염증이 생기면 당연히 퀄리티가 떨어지며, 퀄리티가 떨어지면 매장 가치도 하락하게 된다.

특히 사장님 1인이 운영하는 가게의 경우 영업시간에 더욱 민감한 반응을 보이는데, 오래 문을 연다고 반드시 성과로 직결되는 것은 아니다. 충분히 충전하는 시간을 가지면서 건강하게 오래 가게를 운영할 수 있도록 하는 게 바람직하다.

그렇다면 우리 가게에 적합한 영업시간은 어떻게 정하면 될까? 어렵게 생각하지 말자. 가게 오픈 초기에 살짝 간을 보듯이 영업시간을 조금씩 변경하면서 매출이 최대화되는 구간을 탐색하는 것이다.

예를 들면 보통 점심 장사는 11시 30분 오픈이 가장 이상적인데, 이를 12시로 옮겨도 보고 11시로 앞당겨 보면서 매출 추이를 분석해 보자. 이렇게 30분 단위로 오픈과 마감 시간을 살짝살짝 두드리다 보면, '이 상권은 이 시간대가 굉장히 핫하구나', '이 시간은 내가 과감히 버려도 되겠구나' 하는 결론이 선다. 이런 식으로 가게 오픈 초기에 여러 실험을 하면서 적합한 시간대를 찾으면 한두 개 더 팔 수 있는 시간이 아깝다 생각지 말고, 과감하게 자기 영업장의 여건에 맞는 영업시간을 확정하는 것이 좋다.

전국에 24시간 가게 문을 열고 새벽에 라꾸라꾸 침대에서 쪽잠을 자는 사장님들께 간절히 바란다. 한두 개 더 판다고 해서 인생이 달라지지 않는다. 중요한 건 10시간 운영해도 최대한의 효율을 끌어낼 수 있는 분석력과 실행력이다. 시간에 집착하는 순간, 내 몸과 돈, 그리고 시간까지 모두 잃을 수도 있으니 자신의 업장에 적합한 영업시간을 찾아보자. 24시간 일해서 천만 원 버는 것과 10시간 일해서 천만 원 버는 것은 결코 작은 차이가 아니다.

주기적인 매출 기록,
내 가게의 미래가 보인다

인간은 기록하는 존재다. 우리는 기록된 각종 자료를 보면서 과거를 돌아보게 되고, 지나온 과거가 미래로 나아가는 토대가 되기도 한다. 장사에 있어서도 기록은 중요하다. 언제 얼마나 물건을 팔았고, 또 그 시기에 어느 정도의 지출이 있었는지 꾸준히 기록하는 것은 단순히 과거의 궤적 파악이라는 의미뿐만 아니라, 앞으로 내 장사가 어떻게 진행될지를 가늠할 수 있는 척도가 된다.

창업을 하게 되면 매출 그래프가 끝없이 우상향하지는 않는다. 어느 순간 정점을 찍는 그래프를 그리게 되는데, 그 이후에는 최고 수준을 유지하는 싸움이다. 기록한 데이터는 창업 이후 1년 정도는 지나야 데이터로서 가치가 있다. 그러면 데이터를 보면서 비수기나 성수기를 구분할 수 있고, 시기에 맞춰 성수기나 비수기를 대응하는 방법 등도 마련할 수 있다.

1년 이상의 매출 데이터를 보면서 운영전략을 세울 때, 각 시점의 매출 위아래 20% 기준으로 대응할 필요가 있다. 20%를 넘어서면 정점을 아직 찍은 단계가 아닌 것이고, 평균에서 20% 이하로 매출이 추락하면 가게 운영에서 무언가 잘못되었다는 시그널로 받아들여야 한다. 또 각 시기의 매출 추이를 보면서 성수기가 오기 전에는 그 시기에 필요한 양만큼의 재료를 미리 준비할 수 있고, 비수기에는 재료비 등을 절감하면서 지출 구조의 개선도 꾀할 수 있다.

나는 장사의 기록에서 매출을 가장 중요하다고 생각하는데, 어떤 사장님들은 장사를 매출이 아니라 지출과의 싸움이라고 이야기하면서 매출보다는 지출 구조에 더 신경을 쓰는 경우도 있다.

실제 장사를 해보면 1년 정도 지난 시점에 큰 고비가 오게 되는

데, 부가가치세(부가세)와 종합소득세(종소세) 등 세금을 낼 때와 직원 퇴직금을 줘야 할 때다. 단순하게 말하면 부가세는 이미 받아놓은 돈이고, 퇴직금은 쌓여가는 돈이고, 종소세는 벌어서 내는 돈이다. 그런데 일부 사장님들은 '내가 이달에 얼마를 벌었으니까 이만큼의 수익이 생기는구나. 여기서 매출이 더 늘어나면 고정비가 늘겠네' 하면서 지레 겁을 먹는다.

이런 식으로 장사의 초점을 매출이 아니라 지출에 두게 되면 현 상황을 정확히 진단하기 어렵고, 위기가 닥쳤을 때 제대로 대응하기 힘들다. 일단 창업 이후에는 매출을 최대한 키워야 하고, 그래서 1년 치 누적 데이터가 생기면 월평균 매출이 나오고, 그 데이터들을 바탕으로 성수기는 얼마를 벌 수 있고, 비수기는 어느 정도로 방어할 수 있을지 하는 기준이 명확해야 한다.

그다음에 고려해야 할 대상이 비용이다. 비용에는 고정적으로 나가는 인건비, 임대료, 마케팅 비용 등이 있고, 재료비와 같은 유동비가 있다. 표준화된 엑셀 문서나 매출/매입 관리 프로그램에 매출과 지출을 꾸준히 기록하면 수익 구간에 대한 기준이 생기게 되고, 그 자료를 토대로 더욱 공격적으로 매출을 끌어올리는 전략을 펼칠지, 아니면 지금 수준을 유지하는 전략을 펼지 고민하면 된다.

하지만 대다수 자영업자가 하루 12시간도 모자라게 일하는 데 급급해서 이런 계산을 제대로 하지 못하고 있다. 정확한 기록이 없는 업장의 사장님들은 장사를 시작하고 몇 달이 지나고 나서 통장에 잔고가 남으면 그저 '땡큐'라고 생각한다.

그런데 과연 잔고가 있다고 해서 '땡큐'라고 말할 수 있을까? 통장에 찍힌 잔고에는 부가세, 종소세, 퇴직금이 포함되어 있기 때문에 기록이 없으면 그 돈이 내 돈인지 나갈 돈인지 정확히 파악할 수 없게 된다. 그래서 기록이 중요하다고 강조하는 것이다.

꾸준히 기록하다 보면 창업 2년 차쯤부터 앞으로의 방향성이 보인다. 현재의 매출 수준에서 만족할지, 확장적인 전략을 펼지, 매출에 비해 수익 구간이 작으면 누수되는 비용은 어떤 것이고 무엇을 어떻게 개선해야 할지 등 기록을 토대로 다양한 고민을 할 수 있다는 의미다. 이게 바로 진정한 장사의 기술이다. 장사는 숫자로 하는 예술이기에 숫자가 정확하지 않으면 장사를 하면 안 된다.

한 가지 덧붙이고 싶은 말이 있는데, 보통 장사하는 사장님들은 나가는 돈을 내 돈이라 생각하고 무척이나 아까워한다. 특히 퇴직금을 지급할 때와 각종 세금을 낼 때가 그렇다. 앞서 말했듯이 퇴직금이나 세금 등은 애당초 나의 돈이 아니다. 장사는 남의 돈과 내 돈을 정확히 구분하는 것에서부터 시작해야 한다.

장사하는 사장님들의 신념이나 양심 문제를 떠나 이런 비용이 아깝다는 생각이 먼저 든다면 기록을 제대로 하고 있지 않거나 기록을 했더라도 정확한 분석을 못하고 있다는 말과 같으니, 지금이라도 꾸준히 기록을 하면서 내 장사가 나아갈 길을 정확한 분석을 해보자.

매출이 나와 봐야
매출 부진의 원인을 찾는다

"창업한 지 두 달이 다 되어 가는데, 장사가 참 힘드네요. 매출 부진의 원인은 무엇일까요?"

매출이 제대로 나오지도 않았는데, 어떻게 매출 부진의 원인을 분석할 수 있겠는가? 매출 부진이라는 말은 일단 매출이 어느 정도 나와 봐야 파악할 수 있다. 매출이 나오는 것은 앞의 주제에서 강조한 것처럼 꾸준한 메모와 기록을 통해서 정확히 확인할 수 있다. 기록을 통해 데이터가 축적되고, 매출 부진이라 생각되면 축적된 데이터를 통해 지금이 매출이 빠진 건지, 비수기라서 그런 것인지, 아니면 경쟁업체가 생겨서 그런 건지 정확히 파악할 수 있다.

최소 1년 이상 매출 데이터가 축적되면 '지금 내가 잘하고 있구나' 혹은 '장사가 안되는구나' 하는 것을 직관적으로 알 수 있고, 이런 데이터 구축을 위해서는 정말 할 수 있는 모든 것을 다 해야 한다. 여기서 가장 중요한 점은 최선을 다하더라도 한결같아야 한다는 것이다.

장사 초기에는 매출을 올리기 위해 어떤 사장님이건 여러 시도를 해보곤 하는데, 실행력이 있다는 것은 장점이지만 내 중심을 잃으면서까지 무언가를 시도해서는 안 된다. 다른 가게에서 하니깐, '이것도 해볼까?', '저것도 해볼까?' 하는 식의 접근은 고객들이 딱 외면하기 좋은 가게나 하는 짓이다. 소비자들은 중심을 잃고 자주 바뀌는 가게를 선호하지 않는다.

처음 시판할 때 내놓은 음식(제품)이 고객에게 어필이 되어야 하고, 자리를 잡은 음식이 1년 이상 꾸준히 유지되었을 때 유의미한 데이터가 축적되는 것이다. 이후 매출이 빠졌다면 축적된 데이터를 보면서 나의 레시피가 혹시 흔들리고 있는 것은 아닌지를 가장 먼저 의심해 봐야 한다.

　매출을 내기 위해 내가 제공하는 메인 메뉴의 퀄리티를 유지했다면 그다음으로 신경 써야 할 부분이 매장의 청결도나 고객 응대 등 가게 운영의 세부적인 요소들이다. 특히 리뷰 관리도 중요한데, 요즘에는 고객들이 서비스를 받는다고 해서 무조건 별점 5개를 주지 않는다. 리뷰는 그야말로 신나라이다. 익명 뒤에 숨어서 우리 가게를 평가하는 것이기 때문에 잘하든 못하든 어떤 평가를 받을지 아무도 알 수 없다. 중요한 것은 흔들리지 않아야 한다는 점이다.

　사람들의 입맛은 제각각이기에 어떤 메뉴를 평가할 때, '맛있다', '맵다', '짜다', '달다' 등 다양한 이야기가 나오기 마련이다. 이런 평가에 휘둘리기보다는 'OO 메뉴 참 맛있어요. 그런데 이런저런 점은 조금 바뀌면 좋을 것 같아요'와 같은 개선에 도움이 되는 리뷰를 참고하면 된다. 그렇지 않고 매번 사람들의 입맛을 맞추기 위해 맛에 대한 시도를 반복하게 되면 매장은 흔들릴 수밖에 없고, 흔들린 매장은 1년이 아니라 6개월도 유지할 수 없다.

　기왕 매출 이야기가 나왔으니, 매출에 대해 사람들이 가장 많이 오해하고 있는 부분을 짚고 싶다. 인터넷이나 유튜브에서 자영업자들을 대상으로 콘텐츠를 만드는 사람들의 이야기를 들어보면 매출에는 효율적인 구간이 있으니, 그 매출 구간을 달성해 지키는 것이 중요하다고 강조하곤 한다.

예를 들면 족발집의 경우 '월 매출 7천만 원이면 직원을 몇 명을 고용하는 것이 가장 효율적이고 6천만 원이라면 몇 명이다' 하는 식이다. 정말 이건 말도 안 되는 소리다. 물론 업종이나 가게마다 한계 매출이 있기 마련이다. 그런데 장사라는 게 최대한 매출을 많이 일으키는 데까지 가보는 것이 맞는 것이지, 점포의 규모가 어느 정도이니, 특정 구간의 매출을 달성하면 된다는 식의 접근은 전혀 말이 되지 않는다.

우리 가게에서 일했던 직원들이 독립해서 족발집을 차리고, 몇 년 후에 만나 매출에 대한 이야기를 나눈 적이 있다. 월 매출 6~7천만 원이 나오는 친구도 있었고, 3~4천만 원 나오는 친구도 있었다. 월 매출 7천만 원이면 장사를 잘한 편이다. 일반적으로 족발집 월평균 매출이 4천만 원 이하이니깐, 7천만 원이면 매출 상위권을 달성한 것이다. 하지만 나는 그 친구들에게 이렇게 말했다.

> "넌 월 매출 7천만 원이 최대치라고 생각하니? 7천만 원을 팔았
> 으면 1억 원도 팔 수 있어야 하고, 1억을 팔 수 있으면 1억 5천도
> 팔 수 있어야 해."

물론 1억 5천만 원 이상의 월 매출은 전국에서도 몇 안 되는 가
게에서 달성한다. 1억 5천이면 해당 업종에서는 상위 10% 이내
에 드는 가게다.

이어서 나는 그 친구들에게 이렇게 말했다.

> "그러면 이렇게 생각해 보자. 내가 한 달에 평균 3억 5천만 원을
> 판다면 7천만 원 파는 사람보다 나는 적어도 5배 이상 빠른 속도
> 로 살고 있는 것 아닐까? 1년으로 따지면 5년을 앞서가는 것이고,
> 5년을 앞서간다는 것은 나중에 하고 싶었던 것을 5년 먼저 할 수
> 있다는 말이 되잖아. 그래서 매출은 효율적 구간을 따지기보다는
> 극대화하는 게 맞는 것이고, 정점을 찍고 안정기가 왔다면 그때는
> 비용적인 면을 효율화하면서 매출을 높여가는 게 합리적이지 않
> 을까?"

매출은 효율적 구간이라는 것이 없다고 생각한다. 극대화할

수 있는 여건이 되면 최대치를 끌어올리는 것이 맞다. 월평균 7천만 원의 매출이라면 하루에 200~250만 원을 팔고, 주말에 300~350만 원을 파는 수준이다. 그런데 하루에 250만 원 팔 수 있는데 300만 원은 왜 팔지 못하겠는가? 일 매출 50만 원을 올리면 월 1,500만 원의 추가 매출이 생긴다. 이런 식으로 하면 월 매출 1억 원이 결코 달성하지 못할 정도는 아니다.

그리고 일일 100만 원을 더 판다면 평상시 팔던 때보다 절반만 더 준비하면 된다. 평소 하던 것에서 절반의 노력을 더 하면 2배의 매출을 달성할 수 있으니, 장사할 맛이 나지 않겠는가?

‖ "우리는 월 매출 7천만 원에 직원 3명이 일하면 가장 마진이 좋아."

언뜻 듣기에는 그럴듯한 말이다. 그런데 매출이 최대한 많이 나와야 이익률이 극대화되는 것이지, 매출을 묶어놨는데 어떻게 이익률이 극대화되겠는가? 매출은 무조건 최대한 많이 내는 게 이롭다. 효율적인 구간은 매출에서 찾을 것이 아니라, 정점을 찍었다고 판단했을 때 비용에서 효율을 찾고 매출은 계속 늘려나가야 한다.

루틴을 만들어 놓으면
문제점 파악이 쉽다

나는 족발집 매출이 안정화된 이후로는 다음과 같은 일정한 루틴으로 하루를 보내고 있다. 1년 중 특별한 며칠을 제외하고는 거의 똑같은 패턴이다.

아침에 일어나면 비몽사몽인 상태에서 커피를 내리고, 커피를 마시면서 가게의 전날 매출과 특이 사항 등이 있었는지를 먼저 확인한다. 그다음으로 일정을 체크하고 포털 메인 뉴스를 둘러본다. 우스갯소리가 자주 올라오는 커뮤니티에서 사람들의 생각이나 트렌드도 읽어보곤 한다. 커피를 다 마시면 아침으로 그릭요 거트랑 사과나 바나나를 먹고, 샤워를 한 후 얼굴에 팩을 올리고 아침 식사를 치운다.

외출 준비를 마치고 나와서 오전에 매장을 둘러보고 영업장 준비가 얼마나 잘 되고 있는지 파악한다. 이후 매장과 관련한 각종 업무, 가령 직원 임금, 자재비 입금 등을 하고 어머니에게 찾아가 커피 한잔 마시면서 20~30분간 고객 리뷰에 댓글을 단다.

오전에 하는 루틴 중 다른 것은 변동이 있어도 고객 리뷰에 댓글을 다는 일은 꼭 하려고 한다. 다양한 리뷰에는 현재 우리 가게가 처해 있는 상황이라든지 앞으로의 방향성이라든지 하는 것들이 담겨 있다. 물론 익명 뒤에서 과장되고 거짓된 악플을 다는 사람도 종종 있지만, 대개는 객관적인 평가를 해준다. 우리에게 도움 되거나 좋지 않은 리뷰는 직원들에게 공유하고, 댓글을 다 달면 2호점으로 가서 영업장 체크를 한다.

영업장을 둘러보고 매장의 직원들과 간단한 티타임을 가지는데, 이 자리에서는 굳이 매장과 관련한 일이 아니더라도 세상 돌아가는 이야기도 하고 직원 개개인이 하고 싶은 이야기로 편안한 시간을 보낸다. 이후 점심을 먹고 다시 1호점으로 넘어가 조리되어 나온 족발과 보쌈의 색깔과 냄새 등을 확인한다. 고객들이 음식을 받으면 일단 냄새를 맡고 눈으로 보기 때문에 나도 그것부터 체크하는 것이다.

이제 영업장과 관련한 일은 다 끝냈다. 이렇게 일과를 마치면 골프 연습장이나 본사에 가고, 약속이 있으면 지인을 만나러 간다.

나의 일과는 장사가 어느 정도 안정화된 상태의 루틴이다. 독자들에게 내가 개인 시간이 많다는 것을 자랑하기 위해 보여준 것은 아니다. 장사를 하든 직장에 다니든, 삶에서 루틴을 만드는 것이 얼마나 중요한지 보여주고 싶었기에 나의 사례를 들었다.

어디선가 들은 말인데, 똑같은 일을 2주 동안 하면 그게 습관이 된다고 한다. 내가 생각한 루틴이 바로 습관이다. 루틴을 만드는 가장 큰 이유는 그것을 통해 매출이 극대화되는 것을 몸소 체험했기 때문이다.

이 책을 통해 계속 강조하는 것이 벤치마킹과 원 레시피를 지켜야 한다는 것이다. 원 레시피를 지키는 것을 사장인 자신에게도 적용해야 한다. 일과의 패턴을 만들어 놓으면 어떤 문제가 생겼을 때, '아, 내가 이걸 하지 않아서 문제가 생겼구나' 하고 깨달을 수 있다. 즉 문제 상황의 인지와 해결 방안 도출이 수월해진다는 의미다.

나는 근래 건망증이 심해져서 메모하지 않으면 잊어버리는 일이 많아졌다. 그런데 일상을 루틴으로 보내다 보니, 중요한 것부터 사소한 것까지 챙기는 일이 쉬워졌고 해야 할 일을 놓치는 일도 줄었다.

하루하루 반복해서 해야 할 일을 지키는 것이 처음에는 어려울 수도 있겠지만, 계속하면 몸에 익고, 몸에 익으면 내 가게뿐만 아니라 나 자신을 지킬 힘이 되어준다.

자신에게 충실해야만 내가 내놓는 상품이 고객들에게 진심으로 전달될 수 있다. 내 영업장과 나 자신을 지키는 루틴을 오늘부터라도 만들어 보자.

고객과
흥정하지 말라

장사를 하다 보면 생각보다 많은 진상 고객을 마주하게 된다. 어떤 고객을 진상으로 규정해야 할지는 사장님마다 나름의 기준이 있겠지만, 일반적으로는 상식이 통하지 않는 고객들을 진상으로 부른다.

예를 들어 고객들이 족발을 주문할 때 당연한 듯이 '야채 좀 많이 주세요', '소스 좀 더 챙겨주세요', '뼈 좀 적게 넣어주세요' 등은 용인될 수 있는 요구다. 하지만 마늘 족발을 시켜놓고 '맛 좀 보게 불족발도 몇 개 넣어주세요', '소주도 함께 시켰으니 고기 더 넣어주세요' 등과 같은 요구는 선을 넘어섰다고 볼 수 있다. 그런데 대다수 초보 사장님은 고객의 선 넘은 요구를 쉽게 거절하지 못한다.

진상 고객들은 무리한 요구를 받아준 가게를 고마워할까? 진상은 괜히 진상이 아니기 때문에 절대 고마워하지 않는다. 오히려 무리한 요구를 들어준 다음 주문부터는 더 심한 요구를 할 수도 있다. 사장님들은 진상 고객의 무리한 요구를 애초에 아주 과감하고 단호하게 잘라야 한다.

고객의 요구를 들어줬을 때 굳이 금전적 보상이 아니더라도 내가 얻는 게 있어야 하는데 진상 고객의 요구를 다 들어주다 보면 '내가 이러려고 장사를 시작했나?' 하는 자괴감이 들기 마련이다. 특히 요즘에는 지역 커뮤니티에서 활발하게 활동하는 사람들이 자신의 힘을 과시하면서 무리한 요구를 하는 경우가 많은데, 대개 초보 사장님들은 그들의 영향력을 무시할 수 없다면서 울며 겨자 먹기로 요구를 들어주지만, 애당초 절대 주문을 받지 않아야 한다.

주문을 받지 말아야 하는 몇 가지 사례를 들어보면, 메뉴 소개에 서비스로 주먹밥, 막국수, 계란밥 중 하나가 나간다고 뻔히 적혀 있는데 '저는 주먹밥, 막국수, 계란밥 다 주세요'라고 요청란에 쓰는 사람들이 있다. 주문을 받아야 하나? 받지 말아야 한다.

또 '우리 아이 먹일 건데 다른 메뉴도 조금만 서비스로 보내주세요'라고 하면 주문을 받아야 할까? 이런 경우도 주문받지 말아야 한다. 주문을 받으면 괜히 스트레스만 쌓이고, 요구를 들어줘도 좋은 소리 듣지 못하는데 왜 그런 요구를 다 들어줘야 하나?

언젠가 이런 일이 있었다. 매장의 전반적인 운영을 담당하는 신입 실장을 채용해서 새벽 장사를 맡겼다. 어느 날은 실장이 출근한 나를 붙잡고 전날 진상 고객이 있었는데, 자신이 처리했다고 말하는 것이다. 그래서 어떻게 된 일인지 물어보니, 한 고객이 족발을 주문했는데 보쌈으로 잘못 나가서 항의 전화가 왔었단다. 그래서 실장은 고객에게 보쌈 가격의 절반인 2만 원을 자기 돈으로 돌려주고 해결했다는 것이다.

나는 실장의 말을 듣고 한숨을 쉴 수밖에 없었다. 족발이 보쌈으로 잘못 나갔으면 다시 족발을 보내야 했다. 이미 포장을 뜯은 보쌈은 회수도 할 수 없으니 그냥 실수를 인정하고 족발 하나 더 주면 되는 건데, 실장은 고객이랑 흥정해서 보쌈 절반 가격인 2

만 원만 환불했다며 의기양양했다.

나는 배달 주문에서 고객의 컴플레인이 들어오면 무조건 환불을 해준다. 우리 가게가 실수했든 고객이 블랙 컨슈머이건 상관없이 일단 환불 처리를 해주고 본다. 악플이 남아서 스트레스 받아 장사에 영향을 받는 것보다 차라리 리뷰를 지우는 게 낫다는 생각에서 그렇게 하는 것이다.

실장도 고객과 흥정할 것이 아니라, 환불을 해주든 족발이 다시 나가든 해야 했다. 흥정 대상이었던 고객은 절대 그냥 넘어가지 않는다. 그리고 얼마 후 거짓말처럼 그 고객은 '자기들이 족발을 보쌈으로 잘못 보내놓고 흥정하더라' 하는 리뷰를 남겼다.

고객과 흥정하지 말라는 것은 고객에게 실수했을 때 100% 고객이 만족할 수 있는 방향을 찾아줘야 한다는 의미다.

적어도 장사하는 사람이라면 상식적으로 장사를 해야 한다. 상식이 통하지 않는 고객이라면 주문을 받지 않아야 하고, 우리 가게가 실수했다면 실수를 인정하고 100% 고객이 만족할 수 있도록 조치를 취해야 한다는 말이다.

가령 '사장님, 그 가게 김치가 너무 맛있어요. 김치 좀 많이 넣어주세요'라고 요청하는 고객이 있다고 해보자. 이렇게 말하는 고객의 말을 무시해야 할까? 아니다. 돈 내는 만큼 만족할 수 있을 정도로 담아줘야 한다. 이 고객의 요청과 앞에서 내가 예로 들었던 진상 고객의 차이는 분명하다. 고객의 요구가 상식적으로 통용될 수 있느냐 없느냐의 차이다.

그렇다면 이런 아슬아슬한 차이를 어떻게 구분할 수 있을까? 나는 독해력에 그 답이 있다고 생각한다. 수많은 고객을 대하다 보면 보편적인 언어로 다가오는 사람이 있고, 일반적이지 않은 언어를 쓰는 사람들도 있다. 후자라면 앞서 말한 것처럼 흥정을 하면 안 된다. 줄 거면 확실히 주고 안 주려면 팔지 말아야 한다. 차라리 거래를 끊는 것이 정신 건강에도 좋고 매장 운영에도 더 도움이 된다.

고객의 사소한 요구를 들어주는 것이 별거 아니라고 생각될 수도 있지만, 이런 게 반복되다 보면 피로가 쌓이고, 피로가 누적되면 염증이 생긴다. 즉 장사를 망치는 이유가 된다는 것이다.

그리고 고객을 대하는 장사를 할 때 특히 중요하게 생각되는 게 있는데, 바로 자존감이다. 장사를 하다 보면 뻔히 메뉴판이 고객 앞에 놓여 있는데도, '제일 싼 거에 소주 하나 내놔 봐'라는 식으로 말하는 손님들이 의외로 많다. 또 '내가 이 가게에서 팔아주는데 태도가 그것밖에 안 돼?'라는 식으로 접근하는 고객들도 있다.

초보 사장님이라면 기분이 나쁠 수도 있고, 어떻게 반응해야 할지 고민이 될 수도 있다. 하지만 나는 그런 손님들을 보면 속으로 '그래, 너희들이 이렇게 맛있는 걸 어디 가서 먹을 수 있겠어? 내가 만든 거니깐 먹는 거지'라고 말하며 겉으로는 대수롭지 않게 넘긴다.

사실 세상에는 말도 안 되는 요구를 하는 고객도 많고, 기본이 되지 않은 고객도 많기에 그들의 말 하나하나에 일희일비하면 장사 하는 사람은 하루도 견딜 수 없다. 물론 내가 유독 자존감이 높은 편이라 이런 고객에 휘둘리지 않는 것일 수도 있지만, 스스로 단련하지 않은 초보 사장님이라면 타격이 클 수도 있다.

그래도 장사를 함에 있어 자존감은 잃어서는 안 된다. 세상에는 상식이 통하지 않는 사람이 생각보다 많기 때문에 그들이 던진 작은 돌멩이에 상처를 입기보다 속엣말로라도 '기본이 안 된 사람도 많구나' 하는 식으로 넘기면 그만이다.

반면 장사를 할 때 반드시 버려야 할 것이 있다. 바로 자존심이다. 익명 게시판에 말도 안 되는 악플을 남기는 사람들을 보면 나도 가끔은 자존심이 상할 때가 있다. 어떤 사장님들은 그런 악플이나 평가에 자존심이 상해 일일이 대응하며 고객과 말싸움을 이어가는 경우도 있는데, 이는 득 될 것이 하나도 없는 행동이다. 아무리 자존심이 상한다고 해도 고객과 말다툼을 이어가면, 누군가는 반드시 그것을 지켜보고 있기에 장기적으로 우리 매장에 좋지 않은 인식을 심을 수 있다. 또 사장님 자신의 정신 건강에도 악영향을 끼쳐 장사에도 지대한 영향을 준다.

또 예를 들어 내가 파는 주메뉴가 다른 곳보다 상대적으로 비싸서 경쟁력이 달리면 가격 조정을 고려하는 것이 상식적이다. 그런데 어떤 사장님은 '내 음식이 얼마나 맛있는데, 이 가격에 이걸 팔라고?' 하면서 끝까지 고집을 부린다. 참으로 쓸데없는 자존심이다. 만약 하루에 10개를 팔아서 9만 원 버는 경우와 5개를 팔아 10만 원을 번다면 여러분은 어떤 것을 선택하겠는가? 전자의 경우를 선택해야 한다. 이건 매출의 문제가 아니라 내가 경쟁하는 시장에서 가져올 수 있는 영향권의 문제다. 하루에 10개를 팔 수 있는 매장은 20개도 팔 수 있지만, 5개를 파는 가게는 10개 팔기도 힘들다. 즉 괜한 자존심은 내가 더 가져올 수 있는 시장을 오히려 좁히는 결과를 초래할 수 있다는 점을 생각해야 한다.

어쨌든 장사를 할 때 고객은 상식의 선에서 이해하고 대응해야

한다. 절대 무리하게 흥정할 필요가 없다. 흥정해서 좋은 소리 듣
는 경우는 세상에 없다.

배달비 아끼려다
잠재 고객 놓친다

"안녕하세요. 요즘 다들 마찬가지겠지만, 자영업자들 정말 살기

힘들죠? 배달비에 대한 고민이 있어서 이렇게 글을 쓰는데요,

저희 매장은 배민 배달 수 8000 정도고, 전화 배달까지 더하면

9000 정도 될 것 같아요. 현재 배달비 정책이 주문 금액 12,000

원 이상이면 배달비로 고객이 1,500~2,000원, 가게가 2,000원

을 부담하고 있는데, 매월 드는 배달비가 엄청나더라고요ㅠ 최소

주문 금액에만 맞춰 배달비 포함 13,500~14,000원 주문이 너무

많고요. 사장님들은 배달비를 어떻게 줄이고 있는지 궁금해서 글을 올립니다."

실제 자영업자 커뮤니티에 올라온 한 사장님의 고민이다. 배달비에 대한 고민은 몇몇 사장님만의 고민이 아니라, 배달 앱을 활용하는 거의 모든 사장님의 공통된 고민이다. 배달의민족, 쿠팡이츠, 요기요 등은 음식 배달 시장점유율 80% 이상을 차지하고 있어 공룡 배달 앱 3사로 불리고 있는데, 배달을 병행하는 외식업을 하는 사장님들이라면 배달 앱 활용을 거부할 수 없을 정도로 영향력이 막강하다.

이러한 플랫폼을 통해 배달 주문을 소화하면 생각보다 지출하는 비용이 많이 든다. 깃발 비용(깃발 하나를 사서 꽂으면 주변 2km 반경 내 소비자에게 우리 가게가 노출된다. 깃발 하나당 8만 8,000원이다), 중개 수수료(판매 금액의 6.8%), 배달비(건당 2,000~3,000원), 카드수수료(1.5~3%) 등 3만 원짜리 족발 하나를 팔면 대략 8,000원 이상의 지출이 발생하는 셈이다(2024년 3월 기준).

배달 앱 이야기가 나왔으니 반드시 짚고 넘어가야 할 문제가 있다. 자영업자들에게 배달 앱은 울며 겨자 먹기 식으로 활용할 수밖에 없는 필수 도구가 되었다. 그런데 사장님들이 배달 앱에 지불하는 수수료, 즉 내가 흔히 '통행세'로 비유하는 비용에 대한 부담이 매우 크다. 특히 배민의 경우에는 독일 자본으로 넘어간 이후에는 매우 지독해진 부분이 있고, 쿠팡은 후발 주자이지만 어느 정도 자리를 잡고 나서는 업주들의 고혈을 짜내는 행태를 보이고 있다.

통행세에 대한 부담이 커지다 보니, 사장님들은 음식값을 인상해서라도 손해를 만회하고 싶지만, 다수 사장님들이 음식값을 올리지 않은 상황에서 나만 가격을 인상하면 매출이 떨어지는 결과를 낳게 된다. 박리다매를 하려고 해도 생육 가격이나 원자재 가격이 상승하다 보니 버틸 재간이 없고, 거기에다가 원래 부담이었던 인건비나 임대료도 크게 느껴질 수밖에 없다. 결과적으로 대부분의 자영업자들이 딜레마인 상황에 처하게 되는 것이다.

이런 상황이 언론 매체를 통해 종종 공론화가 되기는 하지만, 소비자 입장에서는 크게 와 닿지 않은 부분이니 힘을 쓰지 못하고 있는 형편이기도 하다. 시장경제체제에서 배달 앱에 수수료를 강제적으로 인하하게 하는 것도 사리에 맞지 않으니 일개 자영업자들 입장에서는 답이 나오지 않는 상황이다.

정말 많은 고민을 했었다. 나는 그래도 모든 점포가 안정화되어 있어서 배달 앱 수수료를 감당할 수 있지만, 대다수 영세 자영업자들에게는 수수료가 1%만 올라도 가게 운영이 휘청거릴 일이다. 그래서 내가 내린 결론은 하나다. 어쨌든 매출을 끌어올려야 한다는 것이다. 원론적인 이야기지만, 자영업자들은 우리 가게가 주변 상권에서 큰 영향력을 가질 수 있는 만큼 매출을 일으키는 것 외에는 배달 앱에 대항할 현실적인 대안이 없다. 자영업에는 상생이라는 것이 없는 승자독식의 세계이기 때문이다.

그래서 장사를 하기로 마음먹은 예비 사장님들은 '여기 상권에서 족발 가게의 평균 매출이 4천만 원 정도 나오니까, 현상 유지는 하면서 돈을 벌 수 있겠다'라는 식으로 절대 접근해서는 안 된다. 평균 매출 4천만 원이라는 말은 그 지역에서 4천만 원을 훨씬 넘게 파는 가게와 아예 미치지도 못하는 가게를 합해서 본 수치다. 즉 평균의 함정에 빠져서는 안 된다는 말이다. '매달 5천만 원 정도는 팔 수 있겠다'라고 하면서 시장에 들어가도 실제 5천만 원에 미치지 못하는 매출 성적표를 받는 경우가 부지기수다.

안일한 생각으로 자영업의 세계에 뛰어들면 정말 버티지 못한다. 배달 앱의 횡포, 프랜차이즈 본사의 횡포, 주변 업체와의 무한 경쟁, 그리고 매출과의 싸움 등 쉽게 넘을 수 없는 산이 너무나 많다. 그래서 기왕에 시작할 거라면 참으로 어렵고 지난하겠지만 무조건 목표를 1등으로 삼고, 1등이 되려고 노력해야 한다. 이 책에서 계속 강조하고 있는 것. 목표를 높이 잡아야 이겨낼 수 있다는 걸 살아남고자 하는 사장님들이 깊이 새겨야 한다는 말이다.

다시 돌아와서 배달비에 대한 이야기를 이어가자면, 현실적으로 배달 앱을 통하지 않고서는 배달 장사를 할 방법이 없다. 코로나 이후 배달 문화와 플랫폼들의 배달 시스템이 외식업에 완전히 정착되었고 독과점 상태이기 때문에 배달 앱 활용은 이제는 선택이 아니라, 필수인 시대가 되었다.

배달 앱 활용에 출혈은 크지만 그렇다고 단점만 있는 것은 아니다. 특히 개업 초기의 가게라면 배달 앱에 입점하는 것이 오히려 초기 정착에 큰 도움이 될 수 있다. 보통 신생 가게는 가게를 알리는 데 어려움을 겪는데, 홍보비 개념으로 배달 앱을 적극적으로 활용한다면 그 어떤 홍보 수단도 배달 앱과 같은 효과를 낼 수 없다.

또 배달 앱을 통해 경쟁 업체가 어떤 홍보 전략을 쓰고 있는지, 가격은 얼마인지, 리뷰는 어떤지, 어떤 이벤트를 하고 있는지, 배달 수는 줄었는지 늘었는지 등을 단번에 파악할 수 있어 벤치마킹하는 데에도 도움이 된다.

어쨌든 배달비에 대한 고민은 외식업을 하는 자영업자들에게는 숙명과도 같은 과제다. 차라리 박리다매하겠다는 마음가짐으로 장사를 하면 속이라도 편할 수 있다. 내가 운영하는 매장들도 한 달에 배달비가 4,000만 원 이상 발생하는데, 플랫폼을 이길 방법이 따로 없다는 걸 알기에 배달비를 아끼기보다는 어떻게 하면 배달 앱을 통해서 더 많은 배달 주문을 유도할지를 고민한다.

이런 마음가짐이라면 배달 앱의 배달 주문도 장점이 있다는 걸 알 수 있다. 배민이나 배민1의 경우 우천 시나 기상 악화 시를 제외하고 반경 4km를, 쿠팡은 2km, 요기요도 2km까지 배달 주문을 받을 수 있다. 홀 영업만 한다고 가정했을 때, 맛집으로 소문난 가게를 제외하고 어떻게 4km나 떨어져 있는 고객을 받을 수 있겠는가? 홀 영업에서 생길 수 없는 수요를 배달 앱을 통해서는 발생시킬 수 있다고 생각하면 마냥 손해라고만 여길 수도 없다.

대다수 창업 컨설턴트가 배달비는 무료로 하는 것이 좋다고 이야기한다. 나도 상당히 공감하는 부분이다. 그리고 배달비는 거리가 멀어지면 멀어질수록 결국 사장님이 정해놓은 배달비에서 초과 금액은 소비자가 부담하는 구조이기에, 그 배달비를 내는 지역을 넓혀 놓을수록 더 많은 소비자를 흡수할 수 있다고 생각한다.

배달비는 몇몇 사장님들만의 고민이 아니다. 배달 장사를 하는 모든 사장님의 고민이다. 현실적으로 배달비를 아낄 방법은 딱히 없기에, 차라리 배달 영역을 넓혀 잠재 고객을 더 넓히는 방향으로 전략을 세워보는 것은 어떨까?

배달 앱에서 각 카테고리
최상단 노출을 노려라

최근에 8~9년 전에 음식점을 오픈한 지인으로부터 연락이 왔다. 처음에 가게를 오픈했을 때 나도 축하 인사도 할 겸 직접 찾아가 음식 맛도 보고 인테리어도 봤는데, 나름 깔끔한 인테리어에 음식 맛도 괜찮았다. 그런 평가를 해주니, 그 사장님도 자신의 레시피에 자신감이 있었는지 장사를 잘할 수 있겠다고 생각했다고 한다.

그런데 그 사장님이 나에게 하는 말이 몇 년간 장사를 했는데,

원하는 만큼 되지 않는다고 하소연하는 것이다. 사장님의 말을 요약하자면, 주변의 경쟁 업체들이 하는 방식도 세세히 살펴보면서 좋은 것은 도입하고, 좋지 않은 것은 절대 따라 하지 않는데 왜 장사가 마음먹은 대로 되지 않는지 고민이란다.

대부분의 사장님이 이런 고민을 하고 있을 것이다. 나도 이 책에서 '벤치마킹'을 가장 강조했지만, 무작정 따라 한다고 해서 장사가 무조건 잘된다고 하는 보장은 없다. 우리네 인생도 그렇듯 장사도 운칠기삼이다. 벤치마킹을 제대로 한다는 것은 3할의 영역을 확장할 수 있다는 의미이지, 7할이나 차지하는 운의 영역을 벤치마킹으로 모두 메울 수 있는 것은 아니다.

물론 방법이 없는 것은 아니다. 운칠기삼에서 노력을 차지하는 3할을 4할로, 더 나아가 5할까지 확장하는 방법도 있다. 바로 벤치마킹과 더불어 나름의 디테일한 전략을 구축하는 것이다. 내가 장사를 하면서 배달 앱을 통해 깨달은 디테일한 전략을 소개해 보겠다.

우리나라의 대표적인 배달 앱으로는 '배달의민족', '쿠팡이츠', '요기요' 등이 있는데, 각 배달 앱은 주문이 들어오는 방식이 약간 다르다.

요기요 익스프레스는 배달 기사가 잡혔을 때 매장에 주문이 들어오는 배달 구조라서, 주문이 들어오는 즉시 조리를 하면 된다. 이와 달리 배민이나 쿠팡의 경우는 주문이 들어오면 5분, 10분, 15분, 20분 단위로 본인이 조리를 얼마 안에 끝낼 수 있는지 고르게 되어 있다.

만약 내가 음식을 조리하는 데 20분이 걸리면 20분 조리 시간을 누르면 되는 식이다. 그런데 여기서 문제가 생긴다. 내가 조리 시간 5분을 누르든 20분을 누르든 상관없이 배달 콜은 대개 최단 거리에 있는 배달 기사에게 잡힌다. 그러면 콜을 받은 5분 거리에 있는 기사가 '아, 여기는 조리 시간이 20분이 걸리니깐, 20분 기다렸다가 픽업을 해야겠다' 하며 가게로 찾아올까? 절대 그렇지 않다. 20분 조리 시간을 눌러도 기사는 5분이면 온다.

이렇게 되면 배달 기사는 가게에서 음식이 나오기까지 15분을 더 기다려야 된다. 시간이 돈인 기사는 15분을 그냥 버려야 하니, 배달 기사는 배달 기사대로 짜증이 나고, 음식을 조리하는 사람은 마음이 급해져서 주메뉴와 함께 나가야 하는 것들을 빼먹게 되는 일도 부지기수다. 이런 일은 흔치 않을 것 같지만, 어떤 가게든지 꽤 많이 발생하는 문제다.

물론 앱을 개발하는 사람들이 제아무리 사장님들의 니즈를 파악해서 앱을 개발한다고 해도 아주 디테일한 부분까지 고려하기란 쉽지 않은 일이다. 개발자들은 플랫폼이 돌아가는 데 있어 오류 없이 원활하게끔 만드는 것이 목적이니, 알고리즘 자체를 모든 사장님의 상황에 맞출 수 없는 것은 어쩌면 당연한 일이다.

그러니 어쩌겠는가. 우리가 앱 자체를 이용하지 않는다면 모를까, 앱을 통해 주문을 받아야 한다면 그 시스템에 적응하고 전략적으로 대응을 해야 한다.

그래서 나는 매장 직원들에게 배민이나 쿠팡에서 주문이 들어오면 무조건 최단 시간을 누르도록 한다. 배달 기사가 어느 정도 기다려야 하는 시간은 있겠지만, 최대한 음식을 빨리 조리할 수 있도록 미리 시스템을 갖춰놓고 주문을 소화한다.

이러면 큰 장점이 있다. 배민이나 쿠팡은 주문한 음식이 몇 분 만에 도착했다는 식의 알람이 뜨고, 이게 평균치로 계산되어 소비자들에게 가게가 노출될 때 우리 매장은 대단히 음식을 빨리 조리하는 곳으로 보이게 된다.

우리가 배달 음식을 시킬 때 흔히 보게 되는 카테고리 중 하나에 상단 노출이 될 수 있다는 말이다. 이런 카테고리에는 주문 받은 순, 찜 많은 순, 조리가 빠른 순, 배달 팁이 낮은 순 등 다양한 항목으로 노출되고 검색도 할 수 있는데, 전략적으로 접근하면 별도의 홍보비를 들이지 않고도 자연스럽게 우리 가게를 널리 알릴 수 있는 계기가 된다.

대다수 사장님이 별 생각 없이 배달 앱을 활용하는데, 각 카테고리에서 최상단에 노출될 수 있게끔 하는 것도 디테일에서 승부하는 방법 중 하나다. 맛집 랭킹이나 최상단에 꽂아주는 유료 홍보는 큰 의미가 없다. 어떻게 하면 최대한 많은 카테고리에서 1등을 하느냐를 찾는 게 더 효율적이고, 만약 각 분야에서 상단에 위치한 항목이 많다면 자연스럽게 소비자들의 선택으로 이어질 수 있다.

배달 앱의 환경이 매장의 운영 방식과 달라 힘들다고만 생각지 말자. 생각만 달리하면 길이 보이고, 그 길이 매출 증대라는 선물을 안겨줘서 더 번창하는 매장으로 거듭나게 할 수 있다는 점을 생각하자.

진상 고객은
어디에든 있다

우리나라에는 예전부터 '손님이 왕이다'라는 잘못된 문화가 있었다. 최근에는 블랙컨슈머에 대한 폐해가 이슈화되면서 이런 악습도 많이 사라졌지만, 세상에는 정말 각양각색의 사람들이 살다 보니, 뜻하지 않게 진상 고객을 만나는 경우가 있다.

처음 외식업을 하는 사장님들이라면 진상 고객을 만났을 때 너무나 황당하고, 특히 강적을 만났을 때는 '내가 이런 취급을 받으면서 장사를 해야 하나'라며 마음이 무너져 내리기도 한다.

매장에서 음식을 먹고 계산하지 않고 도망가는 소위 '먹튀'하는 사람들, 음식에 이물질이 나왔다면서 난리 치는 사람, 배달 음식의 경우 일부러 악플을 다는 손님, 음식이 상했다면서 환불과 함께 병원비를 요구하는 손님 등 장사를 하다 보면 정말 말도 안 되는 진상 고객을 만나게 된다.

나도 처음 가게를 오픈했을 때 일부러 악플을 달거나 말도 안 되는 요구를 하는 손님들 때문에 어떻게 처리해야 할지 막막할 때가 많았다.

2호점 매장을 갓 오픈했을 때의 일이다. 배달 주문으로 보쌈 세트를 시킨 고객이 있었는데, 배달 음식은 받은 후 그 손님은 배달 앱에 '왜 이렇게 보쌈을 빨리 가져다주냐, 이런 가게는 팔아주면 안 된다'라며 아주 장문의 리뷰를 단 적이 있다. 어이가 없었지만, 인내하면서 이렇게 댓글을 달았다.

> **"기분이 나쁘셨다면 죄송합니다. 그런데 고객님, 늦게 배달되는 걸로 뭐라고 하시는 고객은 봤는데, 빨리 배달했다고 화내시는 분은 처음 봤습니다."**

그랬더니 그 손님은 대댓글을 달면서 "내가 관악구에 살면서 여러 가게에서 보쌈을 주문했는데, 주문이 들어가면 삶아서 가져다주는 가게가 다섯 군데나 있다"라는 것이다.

그런데 그 손님의 반응은 상식적으로 말이 안 된다. 보쌈이 삶아서 나오는 데 조리 시간만 1시간이 넘게 걸린다. 주문이 들어오면 그때야 고기를 삶는 집을 나는 본 적이 없었다. 족발 보쌈이 치킨이나 피자처럼 오더메이드가 아니고, 이미 만들어 놓은 것을 어떻게 효율적으로 파느냐가 핵심인데, 그 손님은 상식에 어긋난 말을 하면서 컴플레인을 하고 있던 거였다. 다른 문제라면 속 편하게 사과하고 환불해 주고 끝낼 수 있었지만, 이 문제는 그냥 넘어갈 수 없었다. 그래서 나는 다시 댓글을 달았다.

> "고객님도 고향이나 본가에 가셨을 때, 김장을 하시면서 수육을 삶아서 드셨을 텐데, 어머니께서 김장을 다 하고 수육을 삶아서 내놓으시나요? 당연히 김장이 끝나기 전에 고기의 피를 빼고, 삶고, 뜸 들이는 작업을 거치지 않나요? 마찬가지로 보쌈과 족발도 주문이 들어왔을 때 삶는 것이 아니라, 미리 준비하고 맛을 유지하면서 따뜻하게 드실 수 있도록 해서 보내드리는 겁니다."

이쯤이면 그만해도 될 텐데, 그 손님은 "어디서 엄마를 들먹이냐?"고 하면서 악플을 계속해서 남겼다. 내가 전한 메시지에 집중하지 않고, 프레임이 엉뚱한 곳으로 전환된 거다. 그때 나는 '아, 정말 진상 고객이구나. 더 이상 상대하면 안 되겠구나' 하고 깨달았다.

이렇게 난리를 치는 리뷰를 보면 다른 고객들이 우리 매장을 욕할까, 아니면 진상 고객을 욕할까? 이 사례를 자영업자 커뮤니티에 올려 의견을 들어봤지만, 나의 말이 틀리지 않았다는 것을 더 확신할 수 있었다.

장사를 하다 보면 정말 억울한 경우가 너무나 많다. 이런 상황을 스스로 다스리지 못하면 마음의 병이 들기 십상이다. 어느 정도 고객의 입장도 이해할 수 있겠지만, 선을 넘어섰다면 과감하게 대처할 필요도 있다. 그래야 진상 고객으로 인한 스트레스에서 벗어날 수 있다.

물론 매장 측에서 100% 잘못한 경우도 분명히 있을 수 있다. 사람이 하는 일이기에 실수라는 것이 발생할 수 있기 때문이다. 우리 매장이 실수했다면 구차한 변명을 내세우기보다는 실수를 인정하고 사과하는 것이 현명하다. 또 실수한 만큼만 환불하기보다는 음식값 전부를 환불하는 유연성도 있어야 한다. 그래야 화가 난 손님의 마음을 잠재울 수 있다.

요즘에는 소위 '신종 배달 거지'라든지 머리 좋게 리뷰를 써서 매장을 공격하고 피해를 주는 상황이 적잖이 발생하고 있다. 이런 상황이 발생하면 진상 고객은 어차피 우리의 고객이 아니기에 '그냥 4~5만 원 벌지 않는 게 낫다'라고 생각하고 환불 처리하는 것이 현명한 대응일 것이다.

리뷰 속에
답이 있을 수 있다

개업 초기의 사장님들은 배달 앱에서 리뷰가 많은 가게를 보면 부러움을 느낄 것이다. 리뷰도 벤치마킹의 기본 중 하나로, 리뷰가 많이 달린 업체들이 무엇을 어떻게 하고 있기에 고객들이 리뷰를 잘 쓰는지 반드시 파악해야 한다.

좋은 리뷰가 많은 업체는 분명 무언가 고객들에게 어필을 했을 것이다. 배달의민족이나 쿠팡이츠 등 대부분의 배달 앱에서는 주문하지 않아도 특정 업체의 리뷰를 볼 수 있기 때문에 타 업체의 리뷰를 분석하면서 벤치마킹의 답을 찾아 나가는 것도 좋은 방법이다.

장사를 잘하는 곳의 리뷰를 보면 리뷰 하나도 허투루 쓰지 않는다. 대체로 잘되는 가게는 고객의 리뷰에 소통하는 식의 댓글을 다는 반면, 그저 그런 가게는 성의 없이 복붙(복사해서 붙여넣기)하는 댓글을 다는 경우가 많다.

잘되는 가게의 리뷰는 대개 메뉴에 대해 극찬을 해주면 더 큰 감사의 멘트를 남기거나 사람 사는 냄새를 풍길 수 있는 댓글을 달아서 고객들이 리뷰를 쓰는 데 더 큰 재미를 느끼게 한다.

어떤 사장님들은 고객 리뷰에 댓글을 쓰는 데 너무 힘을 빼는 것 아니냐며 핀잔을 줄 수도 있지만, 나는 리뷰만큼 손쉽게 장사의 답을 찾는 길도 없다고 생각한다. 리뷰 속에는 우리 매장의 현주소를 알 수 있는 단서가 꽤 많기 때문이다.

물론 고의성이 짙은 악플을 달거나 얼토당토아니한 리뷰로 사장님들의 가슴에 비수를 꽂는 말을 하는 사람들도 있지만, 이런 리뷰에는 절대 집착하지 말고 가볍게 무시하면 된다. 우리가 관심을 기울여야 하는 리뷰는 맛에 대한 정확한 평가, 배달 시간 및 상태, 서비스에 대한 평가 등 고객이 나름의 기준을 가지고 쓴 것들이다.

　사람들, 특히 고객들은 어떤 선민의식 같은 걸 가지고 있어서 자신의 입장이나 주관적인 이야기를 리뷰로 달면서 굉장히 객관적인 평가라고 말하곤 한다. 악플이 아니라면 이런 평가라도 사장님들은 귀를 기울일 필요가 있다. 옛말에 '삼인행 필유아사(三人行 必有我師, 세 사람이 함께 길을 가면 그중 반드시 나의 스승이 있다)'라고 했듯이 수많은 리뷰 속에 지금 당장 나에게 필요한 무언가를 얻을 수도 있는 일이다.

　가령 주메뉴에 따라 나가는 서비스를 고민하고 있었는데, 고객이 현재 나가는 서비스 대신 참신한 대안을 제시할 수도 있고, 현재 나간 서비스에 대해 좋은 평가가 주를 이루면 그간 고민했던 것들이 단번에 해결될 수도 있다.

　어쨌든 리뷰는 항상 신경을 써야 하고, 리뷰 관리를 어떻게 하느냐가 핵심이라고 할 수 있다. 내가 장사를 하며 터득한 몇 가지 리뷰 관리 팁을 소개하겠다.

　나는 리뷰 관리의 첫 번째 원칙은 '복명복창'이라고 생각한다. 복명복창은 군대식 용어인데, 리뷰 관리에 이 원칙이 적용되는 가장 큰 이유는 복명복창함으로써 상대방에게 복종하는 태도를 보일 수 있기 때문이다. 복종하는 태도는 다른 말로 고객을 존중한다는 표현일 것이다. 상대가 나를 존중하는 태도를 보이면 혹여 기분이 나쁜 일이 있어도 나쁜 표현보다는 정중한 표현을 쓸 가능성이 크다.

또 복명복창, 즉 상대의 말을 또다시 표현함으로써 '어떤 일이든 실수하지 않겠구나', '잘 하겠구나' 하는 어떤 신뢰감을 줄 수 있다. 댓글을 달아야 하는 리뷰가 혼자 감당할 수 없을 정도로 많아지면 복붙하는 리뷰도 생길 수 있겠지만, 적어도 개업 초기라면 감당할 수 있을 정도의 리뷰가 달릴 테니 하나하나 고객의 말을 그대로 복창하면서 댓글을 다는 것이 좋다. 예를 들면 다음과 같다.

> (1) 족발이 정말 맛있네요. -> 저희 가게 족발을 맛있다고 해주셔서 정말 감사합니다.
> (2) 족발 향이 참 좋네요! -> 좋은 향기로 고객님에게 기분 좋은 하루를 선사한 것 같아 저도 뿌듯하네요^^

좋은 평가가 아닌 리뷰가 달리더라도 마찬가지다. 만약 '무엇이 좋지 않다'라는 식의 리뷰가 있다면 그에 대한 댓글은 "고객님이 말씀하신 무엇무엇은 두 번 다시 실수하지 않도록 신경 쓰겠습니다. 죄송합니다" 하는 식이다.

[사진2] 리뷰와 댓글 사례

장** 1회 주문
★★★★★ 2023-12-30
생과일막국수를 기대하고 시켰는데 생과일이 어디있다는건지 모르겠지만 뭐 갈아서 넣었나? 하고 한입 했더니 쉰내가 막 나고 국수면이 다 퍼져있어서 몹시 맛이 없더라구요. 몇입 못하고 다 버렸습니다. 양배추의 문제가 아니라 소스에서 쉰내가 나는것같았어요. 이거... 탈이라도 날까 걱정이네요. 하지만 다른건 다 맘에 들었습니다. 보쌈고기랑 반찬들은 다 맛있어요. 다만 제가 막국수에 진심이라 이건 못참겠더라구요. 다음엔 막국수 빼고 시킬거에요 ——— 사장님이 맘 풀라고 하니까 다시 별점 3에서 5로 수정하겠습니다.

└ **사장님** 2023-12-30   ✎수정   🗑삭제
장**님, ㅠㅠ 전분끼를 제대로 안가시면 가끔 이렇더라구요. 회전율이 높은 편이라 상한건 아니구요. 즐거운 주말에 방해되어 송구스럽습니다. 마음푸시구요. 새해복 많이 받으시고 즐거운 연휴되셔요

리뷰 관리의 두 번째 원칙은 댓글을 쓸 때 은근히(?) 우리 매장의 장점을 내세우라는 것이다. 사람들은 배달 음식을 주문하기

전에 리뷰를 보면서 업장을 평가하기 때문에 우리 매장이 내세울 수 있는 장점이 리뷰에 자주 언급된다면 그만큼 신뢰감을 높일 수 있다. 자잘한 것이라도 좋다. 사장님의 메뉴나 서비스에서 장점들을 꼽아보자.

> "우리 족발은 절대 잡내가 나지 않아요."
> "김치도 직접 담근답니다. 어디서도 맛보실 수 없는 감칠맛이 있어요."
> "배달이 빨라 따뜻하게 드실 수 있어요"

이렇게 어필할 수 있는 강점들을 관련된 댓글을 쓸 때 반복적으로 노출하면 배달 주문수에 분명 긍정적인 영향을 줄 수 있다.

마지막으로 리뷰 관리의 원칙으로 스몰토크를 놓치지 말라는 것이다. 스몰토크는 일상적이고 소소한 대화를 말하는데, 대화를 시작하거나 이어가는 데 도움이 되는 형식적인 잡담을 의미한다.

리뷰에 댓글을 쓸 때는 스몰토크 개념으로 항상 인사를 먼저 해야 한다. 우리가 편지를 쓸 때도 본론을 먼저 얘기하기보다는 안부를 묻거나 날씨 이야기를 하거나 공감할 수 있는 작은 이야기에서부터 시작하듯이 리뷰에 대한 댓글도 마찬가지다. 상대방이 공감할 수 있는 멘트로 글을 읽을 때 편안한 느낌이 들 수 있도록 해야 한다. 그렇다고 모든 리뷰에 대한 댓글에 똑같은 인사를 하는 것은 너무 식상해 보일 수 있으니, 몇 가지 간단한 멘트를 미리 준비해 번갈아 가면서 쓰는 것이 좋다.

비가 오면 "우산 꼭 쓰고 다니세요", 날이 추우면 "외투 꼭 챙겨 입으세요"라는 식으로 날씨와 관련한 스몰토크가 가장 쓰기 쉽다. 또 댓글 마지막에 "고객님의 좋은 리뷰 덕분에 저도 행복한 하루를 보낼 수 있겠어요" 등과 같이 감사함을 표현할 때는 적극적으로 해야 다른 고객들도 리뷰를 쓸 마음이 생기게 된다.

리뷰 속에서 정답을 찾고, 리뷰를 관리하는 일은 그다지 어렵지 않은 일이다. 하지만 리뷰 관리에는 부지런함이 선행되어야 하고, 고객의 말을 정확히 파악하는 센스도 필요하다.

기본을 놓치면 큰 것을 놓치게 되는 법이다. 장사를 시작했다면 리뷰 관리를 기본으로 두고 고객과 소통하는 습관을 들이자.

업종 선택,
대세만 따르다가 쪽박 찬다

★ ★ ★

예비 창업자들이 창업할 때 입지 선정과 함께 가장 많이 고민하는 것은 무엇일까? 바로 업종 선택이다. 이미 외식업에 종사해 봤거나 주변에 외식업을 하는 사람이 있다면 업종 선택에 큰 어려움이 없겠지만, 외식업과 관련한 아무런 경험이 없는 예비 창업자라면 이 말도 맞고 저 말도 맞는 팔랑귀의 입장이 될 수밖에 없다.

우리나라에는 외식업으로 개업한 점포가 약 80만 개가 있는데, 그중 한식 관련 음식점이 가장 많고 커피숍만 해도 10만 개나 된다. 일단 알아야 할 점은 외식업은 이미 포화 상태를 넘어섰기에 돈을 벌 수 없는 구조라는 것이다. 이런 상황에서 타인이 하는 말만 듣고, 대세만 따르다 보면 어떻게 되겠는가? 경쟁 업체가 한 집 건너 한 집이 있는데, 과연 힘이나 제대로 쓸 수 있겠는가?

외식업은 다른 사업보다는 누구나 쉽게 접근할 수 있는 분야이기 때문에 경쟁도 치열하고 돈을 벌기도 힘들다. 그래서 업종 선택이 더욱 고민스러울 수밖에 없다. 업종은 한번 선택하면 되돌릴 수 없기 때문에 그 한 번의 선택으로 자칫 잘못하면 수억 원의 돈을 고스란히 날려 버릴 위험성도 있다.

업종을 선택하는 가장 좋은 방법은 의외로 단순하다. 자신이 가장 잘할 수 있는 분야에 도전하는 것이다. 그래서 우선 내가 잘할 수 있는 분야를 찾아야 한다. 앞서 말했듯이 외식업에 종사한 경험이 있고, 자신감이 있다면 그 분야로 선택하면 될 테지만, 그렇지 못한 상황이라면 평소 내가 무엇을 잘 만들고 타인의 평가는 어떤지 면밀하게 분석해야 한다.

잘하지 못하고 자신감이 없는 분야를 스스로 나서서 선택하는 사람은 없을 것이다. 분명 다른 사람들이 하는 말을 듣거나 대세에 휩쓸려 '그 업종은 현재 블루오션이라 성공할 수밖에 없다'라는 막연한 자신감으로 불확실한 선택의 길로 접어드는 경우가 대다수다.

물론 대세라는 것도 있다. 코로나 이후 디저트 전문점이 활개를 치면서 너도나도 탕후루 가게를 창업할 때가 있었다. 탕후루 전문점은 지금도 주변에서 흔히 볼 수 있는 업종으로 아직도 대세가 기울었다고 단정할 수는 없다. KB국민카드의 신용 · 체크카드 매출액 및 신규가맹점 분석에 따르면 탕후루 전문점은 2023년 신규 가맹점 등록률이 전년 대비 1,339%나 증가했고, 매출액도 1,678%나 증가한 것으로 나타났다.

이렇듯 10~20대 고객이 주로 찾는 탕후루 전문점은 분명 대세 업종이라고 할 수 있지만, 그 인기가 언제까지 지속할지는 아무도 알 수 없다. 최근에는 탕후루가 청소년 건강에 악영향을 미친다는 연구와 뉴스 보도가 끊임없이 나오고 있어 규제가 생길지도 모를 일이고 소비자들의 인식이 변화될 수도 있는 일이다. 만약 탕후루에 대한 인기가 급격히 식어 대세가 완전히 기울게 된다면 그 많은 탕후루 전문점은 어떻게 되겠는가? 또 대세인 줄 알고 들어갔는데 대세의 막차를 탄 상황이라면 어떻게 해야 할까? 바로 업종을 바꿀 수 있을까?

절대 그렇지 않다. 대부분 가게는 버티고 버티다가 더 이상 버틸 수 없게 된 시점에 폐업을 결정하게 된다. 그래서 쉽게 업종을 바꿀 수도 없고 그간 벌었던 돈도 금방 까먹게 되는 일이 발생한다. 그래서 대세 업종은 위험하다고 말하는 것이다.

물론 대세를 따른다고 해도 자신만의 노하우나 레시피에 대한 자신감이 있다면 도전해 볼 만하다. 남들은 다 망해도 맛집으로 소문나서 안정적인 경영 상태를 이어간다면 인기가 식어도 나의 가게는 꾸준히 매출이 나올 수 있기 때문이다.

업종 선택은 내가 과연 그 업종을 선택해서 자신감 있게 잘할 수 있느냐에서 승부가 결정 난다. 잘 모르는 분야고 처음부터 자신이 없다면 애당초 업종 리스트에서 제외하는 것이 옳다. 만약 잘 모르는 분야이지만, 꼭 해보고 싶고 자신감도 있다면 우선은 경험해 봐야 한다.

내가 염두에 둔 업종에서 일정 기간 일을 해보고 결정해도 절대 늦지 않는다. 어차피 오늘 시작하나 내일 시작하나 장사의 승부는 모든 준비가 완벽했을 때 승산이 있다.

| 글을 마치며 |

보잘것없는 사람의 의기양양한 성공 스토리로 비춰질까 염려
스럽습니다.

저희 어머니께서 자주 말씀하시는 '삼인행필유아사'라는 말처
럼, 우리가 걷는 장사의 길에서 조금 더 파는 사람이 가진 노하
우를 나누어 도움이 되고자 하는 선의로 받아주시면 감사하겠습
니다.

교회에 가면 목사님께서 항상 마지막에 축도를 하시며, 모두

에게 축복이 영원하길 바란다고 말씀하십니다. 이제 책을 덮으실
독자님께 주제넘게도 축복을 드립니다.

1등 매장으로 영원하시길 바랍니다! 감사합니다.

나는
즉발 팔아
포르쉐 탄다

초판 1쇄 발행   2024. 12. 16.

지은이   선의
펴낸이   김병호
펴낸곳   주식회사 바른북스

편집진행   김재영
디자인   한채린

등록   2019년 4월 3일 제2019-000040호
주소   서울시 성동구 연무장5길 9-16, 301호 (성수동2가, 블루스톤타워)
대표전화   070-7857-9719 | **경영지원**   02-3409-9719 | **팩스**   070-7610-9820

•바른북스는 여러분의 다양한 아이디어와 원고 투고를 설레는 마음으로 기다리고 있습니다.

이메일   barunbooks21@naver.com | **원고투고**   barunbooks21@naver.com
홈페이지   www.barunbooks.com | **공식 블로그**   blog.naver.com/barunbooks7
공식 포스트   post.naver.com/barunbooks7 | **페이스북**   facebook.com/barunbooks7

ⓒ 선의, 2024
ISBN 979-11-7263-194-9 03320